0~5歳

はじめてママとパパでもかんたん

子どもと食べたい
強いからだを作る！おいしいおかず

重ねて煮るだけ

Prologue

「重ね煮」は子どもを想う全てのお母さんの強い味方！

私はもともと料理が苦手でした。
料理ができないまま結婚し、不妊治療の末、
授かった長男を出産したのが21年前のことです。
長男は1歳でアトピー性皮膚炎と気管支喘息との診断を受けました。
それから、皮膚科と小児科の病院通いが始まりました。

長男が3歳のときに出合ったのが重ね煮です。
油、砂糖を使用せずにおいしく、切って重ねて火にかけるという手軽さ。
そのうえ、調味料が少なくてもちゃんとおいしい。
そんな重ね煮に魅せられた私は、毎日毎日重ね煮を続けていました。
すると、長男のアレルギーだけでなく、自身の生理不順も改善。
諦めていた2人目の子どもを自然妊娠し、無事出産することができました。
「食はからだを変える」を実感した原点です。

息子たちの子育てを通して今まで
子育てに困っているお母さん方にたくさん出合いました。
家族が元気になるごはんを作りたい。
しかし、料理が苦手なお母さん、働いていて時間がないお母さん、
子どもがアレルギーを持っている、野菜を食べてくれない、
食が細いと悩むお母さんもいました。

「重ね煮なら料理が苦手でも大丈夫！　切って重ねて煮るだけだから、
気構えることなく続けられる。そしておいしいから、毎日が楽しくなるよ」
そんな気持ちをお伝えしたくて始めた「重ね煮アカデミー」の教室には、
生徒さんから「子どものからだが丈夫になった」
「子どもの野菜嫌いがなくなった」という喜びの声もたくさん届いています。
家族のために頑張るお母さんたちを応援したい、
そんな想いをこの本に詰め込みました。

この本を通して、お子様が元気に育つための食べ方と正しい知識をお伝えしたい。
そして、手に取ってくださった方には
気構えずに食べることを楽しんでいただけたら嬉しいです。

重ね煮健康料理研究家　**田島 恵**

重ね煮は子どものからだを強くする工夫がいっぱい！

子どもの免疫力と重ね煮の魅力について、小児科医の先生にお話をうかがいました。

●医学解説：相澤扶美子（医療法人想愛会サンクリニック小児科院長）

丈夫なからだ作りは食事の改善から

子どものからだの調子を整えるには、まずはごはんとみそ汁を中心とした消化しやすい和食を心がけます。ここで注意したいのは、パンは「ごはん」には入らないということです。パン食は血糖値が上がり、すぐにお腹が空くので、子どもの集中力が欠けたりイライラしやすくなったりします。

また、甘いものは特別なときだけ食べるものと決めて、子どもがチョコレートの味を覚えるより前に、お母さんがごはんやみそ汁のおいしさを教えてあげられたらよいですね。

免疫がつけば病気に負けないからだに！

からだに備わっている病気を治す力を免疫力といいます。からだは風邪などのウイルスがからだに侵入してくるとせきや鼻水でウイルスを外に出そうとします。兵隊の役割をする「食細胞」が見つけたウイルスを食べ、粘液の塊として外に排出します。食細胞がウイルスをガードしている間に体内ではリンパ球の働きでウイルスと免疫細胞が戦うのです。

この戦いのときに熱や下痢などの症状が見られることがありますが、大人より抵抗力の弱い子どもは何度もこれを繰り返して免疫をつけていきます。ここで薬に頼ると体内の免疫力が高まらないまま、また同じ病気にかかりやすくなってしまいます。よほどの高熱を除き、無理に解熱剤を飲んだりする必要はありません。

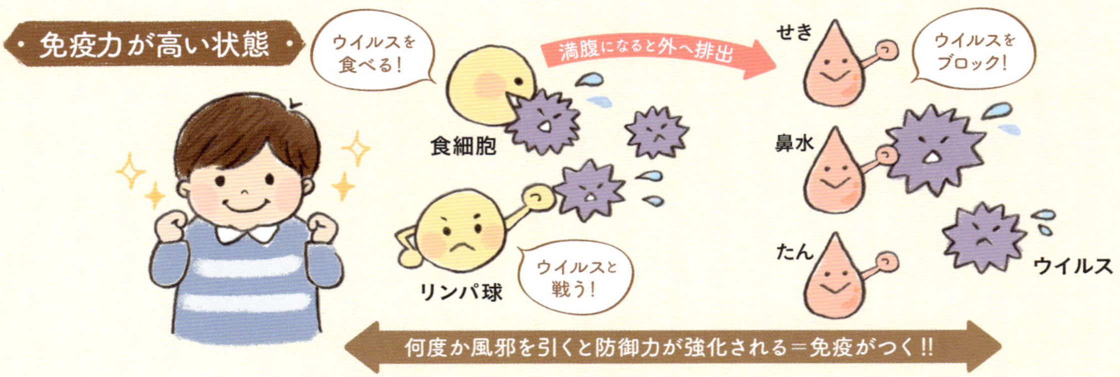

免疫力が高い状態
ウイルスを食べる！
満腹になると外へ排出
せき
ウイルスをブロック！
食細胞
鼻水
リンパ球
ウイルスと戦う！
たん
ウイルス
何度か風邪を引くと防御力が強化される＝免疫がつく!!

取り分け離乳食は赤ちゃんにもぴったり

重ね煮おかずから離乳食を取り分けると、赤ちゃんと大人が同じものを食べられて、お母さんも調理がラクといいことずくめ。砂糖や油を使っていないうえに、からだに合ったものを手軽に食べられるので、アレルギーなどの観点から見てもおすすめできます。

最近は便秘に悩む子どもも増えています。食物繊維がたっぷり摂れる重ね煮みそ汁から始めることで、腸内環境も整いやすくなります。

重ね煮は免疫力を高めるのに理想的

肉や魚を少なめに、野菜を多く摂り、ごはん食を基本とする重ね煮は、子どもの免疫力を高めるには理想的な食事。本来、自分のからだより大きく、自分で捕まえづらい動物の肉（豚や牛など）はあまり、食べる必要はないのです。

重ね煮は仕上げに少ない調味料で味つけをしているので、子どもの味覚が発達し、ソースやマヨネーズなど味の濃い調味料がなくても、素材本来の味が分かるようになると思います。

日々の食事はごはん、みそ汁を基本に、乳酸菌が摂れるぬか漬けなどの発酵食品を添えるとなおよいです。できるだけ市販品を避け、手作りのぬか漬けや簡単な浅漬けを取り入れましょう。こうした食生活は、風邪をひきにくい丈夫な子どもに育ててくれます。

免疫力を高める！ 食べ方のコツ

免疫力を高めるのに効果的とされるおすすめのレシピを紹介します。

相澤先生のおすすめレシピ1

まずはごはんにみそ汁さえあれば立派なおかずがなくても大丈夫。具だくさんのみそ汁は離乳食にも取り分けやすいです。

季節の重ね煮みそ汁 ▶P.76～

相澤先生のおすすめレシピ2

青魚の脂に含まれるDHA、EPAは脳や神経系の発達に重要な役割を果たしているので積極的に摂りたいです。

いわしハンバーグ ▶P.34

相澤先生のおすすめレシピ3

子どもがごはんをたくさん食べやすいメニューとしておすすめです。常備しておくと、おかずがないときにも便利。

かぶの葉のふりかけ ▶P.90

CONTENTS

002 Prologue
「重ね煮」は子どもを想う
全てのお母さんの強い味方！

004 重ね煮は子どものからだを
強くする工夫がいっぱい！

009 本書の使い方

010 からだを強くする"重ね煮"の
ここがスゴイ！

012 重ね煮はこんなに簡単！

014 重ね煮はなぜからだを強くするの？

016 重ね煮調理の3つのポイント

018 まずは1日1杯の
重ね煮みそ汁から始めよう

020 月齢に合わせた調理と
バランスのよい献立を知ろう
5～6ヶ月 ／ 7～8ヶ月
9～11ヶ月 ／ 12ヶ月～1歳半
1歳半～2歳 ／ 3～5歳

024 重ね煮体験ママから喜びの声続々！

026 COLUMN < 1 >
からだを整える！ 調味料の選び方

PART 1
丈夫なからだを作る 重ね煮メイン

028 基本の魚・肉料理
鮭のみそ炒め

030 かじきのケチャップ煮

031 焼きさばのしょうが風味あんかけ

032 さわらのうま煮

033 えびの豆乳チャウダー

034 DHA・EPAたっぷり！
いわしの肉だねで簡単メイン2品
いわしの肉だね／いわしハンバーグ

035 いわし団子と大根の煮物

036 栄養バランス満点！
野菜も摂れる白身魚のおかず2品
すずきのマリネ
さわらの幽庵ホイル焼き

037 肉じゃが

038 鶏ミンチのチリコンカン
鶏手羽と根菜のスープ

039 筑前煮

040 重ね煮八宝菜

041 鶏肉のチンジャオロースー風

042 基本の野菜料理
ラタトゥイユ

044 豆腐ステーキ切り干し野菜あんかけ

045 子どもも大好き！
五目春雨のおかず
五目春雨／焼き春巻き

046 なすとピーマンのみそ炒め

047 重ね煮炒り豆腐

048 揚げないコロッケ

049 重ね煮でできる！
コロッケアレンジバリエーション
基本のポテトコロッケ／
鮭コロッケ／かぼちゃコロッケ

050 COLUMN < 2 >
田島先生の重ね煮ヒストリー

PART 2
栄養バランスを整える
重ね煮サブ

052　**基本の煮物料理**
根菜のきんぴら
054　重ね煮卵の花
055　ひじきと根菜の煮物
056　じゃがいもとえんどう豆のカレー煮
057　ピーマンのきんぴら
切り干し大根の煮物
058　さつまいもと昆布の煮物
季節野菜の蒸し煮
059　みそ田楽
060　**基本のサラダ**
マヨなしポテトサラダ
062　ひじきとパプリカの梅サラダ
063　切り干し大根のハリハリサラダ
いかときゅうりの青じそマリネ
064　かぼちゃとズッキーニの蒸し煮サラダ
065　にんじんと玉ねぎのレーズンサラダ
066　**基本の和え物**
切り干し大根と小松菜のごましょうゆ和え
068　青菜ののり和え
かぼちゃとさやいんげんのごまみそ和え
069　小松菜の梅おかか和え
070　ブロッコリーの白和え
ニラともやしの酢じょうゆ和え
071　かぶの煮浸し
小松菜の煮浸し
072　新玉ねぎとわかめの酢の物
重ね煮ピクルス

PART 3
忙しいときは
これだけでOK!
重ね煮の汁物・ごはん

074　**基本のみそ汁**
重ね煮豚汁
076　**旬を感じる！　季節の重ね煮みそ汁**
春 キャベツとじゃがいもの豆乳汁
夏 なすとかぼちゃのみそ汁
秋 さつまいもとぶなしめじのみそ汁
冬 根菜と里いものみそ汁
078　けんちん汁
079　重ね煮ポトフ
080　のっぺい汁
あさりの和風スープ
081　なすとトマトのみそ汁
冬瓜のスープ
082　ミネストローネ
083　じゃがいものポタージュ
ほたての中華スープ
084　シンプル野菜のカレースープ
たいのトマトスープ
085　豆と野菜のレモンスープ
086　**基本のごはん**
麦ごはん／煎り玄米ごはん
087　おかゆ／月齢に合わせたおかゆの作り方
088　ひじきごはん
さんまの梅炊き込みごはん
089　とうもろこしごはん
090　**子どもの食が進む！　ごはんのおとも**
ひじきのふりかけ／かぶの葉のふりかけ
091　きゅうりの梅酢漬け／きくらげの佃煮
092　COLUMN <3>
お母さんの重ね煮Q&A

112　薬に頼らない！ 手当ての基本

114　赤ちゃんから始められる 手当てレシピ
煎り玄米のポタージュ／りんご葛湯／
れんこん入り葛ねり

115　COLUMN < 4 >
疲労回復にぴったり！
梅酢のスゴイちから
スポーツドリンク／
春雨サラダ／即席漬け

116　子どもが気をつけたい食材リスト

118　強いからだを作る4つの調和

120　季節別INDEX

122　食材別INDEX

126　Epilogue
「食べること」の楽しさを見つけて
毎日を楽しく、生き生きとすごす

【レシピの注意事項】

- 計量は1カップ=200㎖、大さじ1=15㎖、小さじ1=5㎖です。米の計量は1合（180㎖）カップを使用しています。
- 本書では内径16cmと18cmのステンレス製の鍋と直径22cm深さ5.5cmのふたつきフライパンを使用しています。
- 特別な表記がない場合、野菜は中サイズを皮つきのまま使用しています。洗う、種を取るなどの工程は一部省略しています。
- 加熱時間は目安です。鍋の素材などによっても異なるため、様子を見ながら調整し、吹きこぼれには注意してください。
- 本書で紹介するレシピは離乳食期から幼児食期の子ども向けの内容です。大人向けのおかずから取り分けることを基本としていますが、食べられる大きさや硬さ、量などには個人差があります。子どもの様子を見ながら食べやすいように調整してください。
- 食物アレルギーと診断されたことがある、またはアレルギーの可能性がある場合は医師の指導に基づいて調理してください。
- おかずの分量は大人２人と幼児1人の1食分を基本としています。なるべく早めに食べきってください。

PART 4
ひと皿でも大満足！ 重ね煮の一品料理

094　重ね煮塩焼きそば

095　重ね煮にゅうめん
ほうとう風うどん

096　重ね煮中華丼

097　鶏と野菜のそぼろ丼

098　簡単手作りルーのカレーライス

099　カレーピラフ
米粉のクリームシチュー

100　豆乳でまろやかな味！
季節のグラタンアレンジ
春 夏 じゃがいもとブロッコリーの
豆乳グラタン
秋 冬 たらとエリンギの豆乳グラタン

101　野菜をおいしく食べる蒸し煮

102　今すぐできる！ 簡単蒸し煮レシピ
さつまいもの蒸し煮／
とうもろこしの蒸し煮／
枝豆の蒸し煮／ブロッコリーの蒸し煮

PART 5
からだにやさしいおやつ

104　アップルパイ

105　りんごとさつまいものスイートポテト

106　かるかん／豆腐団子

107　りんごの葛あん煮

108　りんごとレーズンのフルーツゼリー

109　豆乳寒天フルーツソース

110　桃のコンポート／梅ジュース

111　かぼちゃのソフトクッキー

本書の使い方

重ね煮料理を効率よく作るための本書の見方をまとめました。
調理を始める前に確認しておきましょう。

A 基本の作り方

メインとサブのおかず、ごはんと汁物の初めには基本のレシピを紹介しています。簡単な基本のレシピから進めてみましょう。

B 取り分けイメージ

基本のレシピでは大人用と幼児用のおかずの盛り方を写真で紹介しています。盛りつけの際の参考にしてください。

C 材料はこのくらい!

使用する分量通りの食材を写真で紹介しています。調味料は含みません。

D 材料と重ね順

材料は大人2人と幼児1人分が基本です。鍋のイラストの中の食材は重ね順になっています。下から順に重ねてください。

E その他の材料

鍋に重ねない調味料や添え物などを記載しています。

F 作り方

基本の作り方は大人と幼児向けです。離乳食は、大人のおかずを調理の途中で取り分けます。

G 離乳食の取り分け

離乳食の月齢に合わせた調理方法や取り分けのコツ、食べ方を紹介しています。

H ポイント

レシピのポイントや、おすすめのアレンジを紹介しています。アレンジは基本大人と幼児食向けです。

【アイコンの見方】

食べ始め時期

食べ始めの目安の月齢です。個人差があるので、赤ちゃんの様子を見ながら調整してください。

加熱時間

本書のレシピは一部を除き、15分以内の加熱時間を基本としています。下準備や下ごしらえの時間は含みません。

お弁当

お弁当に適したおかずです。月齢が低いうちは衛生面に特に注意して。

のここがスゴイ！

切った食材を重ねて煮るだけの「重ね煮」は、子どもを育てるママに最適な調理方法。重ね煮が持つメリットを紹介します。

子どもの免疫力を高めて風邪を引きにくくする！

子どもは突然発熱したり、不調を訴えたりすることがあります。重ね煮は食材が持つ栄養を余すところなく調理し、日々の食事から体質を改善して免疫力を高めやすくしてくれるので、薬に頼らなくてよい、丈夫なからだ作りにつながりやすいのです。

皮むき、だし、アク取りいらずで簡単！

野菜は特別な表記がない限り、皮ごと使用します。そのため、調理時間の大幅な短縮が可能でエコ。また、野菜から出るだしが大切な旨みのベースとなるので、だしを取ったり、煮込む途中でアクを取ったりする必要もありません。

切って重ねるだけで誰でも簡単に一品できる！

鍋の底になる食材から順に切る→鍋に入れるを繰り返し、火にかけるだけ。キッチンも汚れにくく、後片づけもスムーズ！　ふたつきの鍋さえあれば、すぐに一品完成します。重ねて冷蔵庫で保存するまではママ、食べるときに火にかけるのはパパなど、役割分担をしてもOK。

からだを強くする“重ね煮”

子どもが野菜をたっぷり食べられる！

重ね煮では食材はいずれも陰性（からだを冷やすもの）・陽性（からだを温めるもの）に分けられると考えます。重ねる順を守るだけで鍋の中の食材が一体となり「中庸」になります（P.14）。これにより、子どもも食べやすく、やさしいまろやかな味に仕上がるのです。

煮込み時間15分以内で栄養バランスの取れた食事が作れる！

小さな子を持つママが毎日長時間台所に立つのはなかなか難しいもの。重ね煮は熱伝導がよく火を使う時間が短いので、小さな子どもを育てるママもラクちんです。また、食材をたくさん重ねるので、自然と栄養バランスが整いやすくなります。

忙しいママには嬉しい「ながら」調理OK！

煮込む時間は鍋につきっきりにならなくてもOK。その間に子どもの相手をしても、皿洗いなどのながら家事をしてもよいのも嬉しいポイント。朝に材料を重ねて、夜は加熱調理だけするという分け方もOKです。

重ね煮はこんなに簡単！

重ね煮の最大のメリットは、何といっても調理の簡単さにあります。
ここでは基本の調理ステップを紹介します。

1 切って

鍋底に重ねるものから順に切る

鍋の底に重ねる材料から切り、鍋に入れます。野菜の皮と実の間には栄養が豊富なので、ヘタやワタを取ったら皮つき野菜も皮はむかずに使いましょう。

2 重ねて

切ったら鍋に重ねていくだけ

まな板で食材を切ったら鍋に入れ、また食材を切って鍋に入れるを繰り返します。鍋とまな板さえあればOKなので、洗い物も少なく済みます。

3 そのまま火にかけるだけ

15分以内で煮込めるから子育てママにも安心！

メインもサブのおかずも加熱時間はほぼ15分以内。煮込んでいる間にちょっとした家事を済ませても。短時間でしっかり味がしみるので煮物もラクです。

おいしい一品ができる！

子どもも一緒に食べられるおかずがすぐ完成！

少ない調味料で仕上げるので、大人も子どもも満足のおかずが鍋1つですぐ完成。離乳食も大人が食べる分から途中で取り分けるだけなので手間なし！

重ね煮はなぜからだを強くするの？

重ね煮は、鍋１つでからだの調子を整えやすくする「中庸」の調理が可能に。
重ね煮の理論を知って、バランスのよい食生活を心がけましょう。

中庸の食生活を心がける

バランスのよい中庸の食事が未病や体調不良を防ぐ

自然界のものは、全て陰陽の属性に分けられます。たとえば、生きているものであれば動物性のものは陽性、植物性のものは陰性に属します。野菜なら、土の中にできる（硬い）根菜などは陽性、太陽に向かって上にのびる葉菜や果菜などは陰性となります。

自然界に生きる私たちは本来、陰陽のバランスが取れた中庸《ちょうよう》の食事を心がけることで体調が整いやすくなります。

しかし、現代人は食生活の乱れから陽性の強い肉や塩辛いもの（極陽）、陰性の強い甘いお菓子（極陰）などを多く摂る傾向にあります。塩辛いものを食べた後、今度は甘いものが食べたくなった経験はありませんか？　私たちのからだは極端にバランスが傾くと今度はバランスを取ろうと逆の属性の食べ物を欲します。その繰り返しで体調が崩れやすくなるのです。小さな子どもたちは、まだからだの機能が大人ほど成熟していないこともあり、普段から中庸の食事を心がけることが大切です。

簡単にバランスのよい食事を作れるのが重ね煮調理！

陰と陽のバランスが取れた中庸の食事を心がけると、からだへの負担も少なく済み、消化もスムーズです。中庸の食事を作るには、陰性の食材を加熱して陽性化したり、陽性の食材をマリネやサラダなどに調理して陰性化したりする方法もあります。忙しいママにも最適で、中庸の調理が鍋1つで簡単にできるのが「重ね煮」なのです。

食材を鍋に順に重ねて加熱するだけで、鍋の中でたくさんのエネルギーの対流が起き、食材が一体となって中庸の状態を簡単に作ることができます。また、食材の旨みがたっぷり味わえるので、化学調味料を使わなくても塩やみそなどシンプルな調味料を少し使うだけで十分においしくなります。

食材に偏りもなく栄養バランスのよい一品がすぐに作れるので、無理なく子どもの食生活を改善しやすいのです。

中庸のバランスが簡単に取れるのが“重ね煮”

Q. 無水調理の重ね煮とは違うの？

A. 重ね煮は水を使って調和を図ります

無水調理は水を使わず、料理を日持ちさせたり、弱火でじっくり火にかけて食材の甘みを引き出したりするもの。対して重ね煮は水を使うことで食材の調和を図り、食材の味を引き出し、短時間で仕上げます（陰陽調和）。ともに鍋に材料を重ねて作りますが、調理法も目的も別物です。

重ね煮調理の3つのポイント

重ね煮はたった3つのポイントを守るだけで、誰でも簡単にできます。
調理の基本を守って、普段のメニューもおいしく仕上げましょう。

1 食材は丸ごと使う!

**食材は栄養を逃がさないよう、できるだけ無駄なく使います。
基本の洗い方と切り方を紹介します。**

根菜

根菜やヘタのある野菜は無駄なく使います。皮はむかず、ヘタはくり抜くようにカットします。

葉菜

葉菜は茎の間に泥がついていることがあるのでひと手間加えて洗いましょう。根元は切り落とさず調理します。

土をやわらかくして こすり洗いする

土つきの根菜はボウルに水を張って浸す。土がやわらかくなったら野菜用のたわしなどで表面をこすって洗う。

ヘタは切り落とさず 丸くくり抜く

包丁の刃元を使ってヘタをくり抜く。根菜の根元は栄養が豊富なので無駄なく使う。

根元に十字の 切り込みを入れる

葉菜は根元に1cmくらい十字に切り込みを入れる。こうすることで付着した土が落ちやすくなる。

水に根元を浸してから 流水で洗う

ボウルに水を張って浸す。水に土が出てきたら根元を上に向け、切り込みの間を流水で流す。

2 分量を守る!

食材や調味料の使用量によって仕上がりの味は変わります。レシピの量を守りましょう。

食材と調味料の量はレシピ通りに 加熱時間が変わると仕上がりも変わる!

重ねて煮るだけというシンプルな調理法のため、食材や調味料の量が味を左右することがあります。食材の量が変わると加熱時間も変わるのでレシピ通りを心がけて。食材が足りない場合は左記のように、同じグループ内の食材で補ってあげてもよいでしょう。

乾物は前日に浸けて 戻しておく

乾物は前日の夜からひたひたの水で冷蔵庫に入れてじっくり戻すと旨みが残ります。戻し汁はだし代わりに全量を使います。

3 重ねる順を守る！

おいしい重ね煮おかずを作るのに大事なのが、食材を重ねる順番です。食材のグループごとの重ね順を覚えておくと応用がききます。

重ね方

鍋底から陰→陽の順になるように食材を重ねていきます。
みそは一番上に重ねましょう。

本書で使用している食材例

陰の食材から重ねていく

- 生鮭、さば、たら、えび、いわし、さわら、すずき、豚肉、鶏ひき肉、鶏むね肉、手羽元 など
- 豆腐、厚揚げ、油揚げ、水煮大豆 など
- にんじん、ごぼう、れんこん、玉ねぎ など
- 里いも、じゃがいも、さつまいも、かぼちゃ など
- 大根、チンゲン菜、ほうれん草、小松菜、アスパラガス、なす、トマト、キャベツ など
- ぶなしめじ、エリンギ、しいたけ、わかめ、昆布、干ししいたけ、ひじき、こんにゃく、糸こんにゃく など

お役立ちCOLUMN

Q. 冷蔵庫にレシピ通りの食材がないと作れませんか？

A. 同じグループの食材なら置き換えてもOKです！

同グループ内の食材はアレンジ可能！

冷蔵庫にレシピ通りの食材がないときや、お気に入りのレシピをちょっとアレンジしたいときは同じグループ内で食材を代用してみましょう。重ね煮は特定の食材でないと作れないといったことはないので、たとえば鮭がないときは同じ「魚・肉」に属する豚肉でも代用が可能。また、必ずしも陰性から陽性まで6段重ねる必要はありませんが、品目が増えるほどひと皿で摂れる栄養価は高まります。

例えば…

P.40 重ね煮八宝菜

▼

豚薄切り肉…200gを
たら…200g
▶ひと口大 下味
に変えて
魚の八宝菜に！

重ね煮八宝菜 ▶P.40

P.68 かぼちゃとさやいんげんのごまみそ和え

▼

かぼちゃ…150gを
さつまいも…150g
▶薄いいちょう切り
さやいんげん…80gを
ブロッコリー…80g
▶小房に分ける
に変えて
さつまいもとブロッコリーのごまみそ和えに！

かぼちゃとさやいんげんのごまみそ和え ▶P.68

まずは1日1杯の重ね煮みそ汁から始めよう

ごはんとみそ汁は日本人のからだを整えてくれる最適な組み合わせ。
まずは重ね煮みそ汁からチャレンジして、からだの声を聞いてみてください。

日本人はパン食よりも米食がからだに合う

古くから日本人の主食である米は日本人の腸に合い、パンやめんよりもからだに負担をかけにくいとされています。

また、パンに合う目玉焼きやベーコンには油が、ジャムには糖が使用されるため、パン食は必然的に陰性に傾きがち。パンやめんはときどき楽しむ程度にしましょう。

近年は白米に比べて栄養価が高い玄米にも注目が集まっていますが、玄米はよく噛まないと消化不良を起こすことも。幼児に与える場合は煎り玄米(86ページ)や分づき米にするとよいでしょう。分づき米は精米機で精米し、胚芽を残してぬか層を取り除いたもの。玄米より食べやすく、白米より栄養価が残るので精米機がある方は試してみてください。

精米の過程

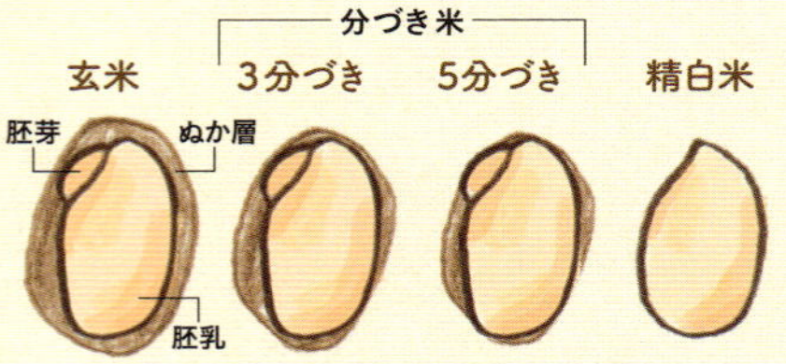

玄米：もみ殻のみ取り除いたもの
3分づき：ぬか層と胚芽を3割取り除いたもの
5分づき：ぬか層と胚芽を5割取り除いたもの
精白米：ぬか層と胚芽を全て取り除いたもの

米と大豆を一緒に摂り必須アミノ酸を補う

からだを作るのに必要な必須アミノ酸は、体内で作ることができないため、食べ物から補う必要があります。米は大豆には少ない必須アミノ酸の一種メオチニンを含みます。一方で大豆は米には少ないリジンやスレオニンなどの必須アミノ酸を含みます。つまり、米と大豆(みそなど)を一緒に摂ることで相互にアミノ酸を補い合うことができるのです。

具だくさんのみそ汁で栄養を補う

ごはんとみそ汁は栄養面から見てもとても理にかなった組み合わせです。みそ汁は、野菜を重ねて具だくさんにするとよいでしょう。また、食欲がない日や食べすぎてしまった翌日のごはん、日々の朝ごはんにもごはんとみそ汁さえ揃えれば十分です。3食全てに重ね煮のおかずを作るのはハードルが高いという人は、まずは1日1杯の重ね煮みそ汁から始めましょう。

歯の構造から知る人に最適なのは穀物

本来食べるべきものを最適なバランスで食べることを「食性」といいます。歯の構造を知ると、私たち人間が本来備えている能力を最大限に発揮できるバランスのよい食べ方が分かってきます。

人は永久歯に生え変わると合計28〜32本の歯が揃い、うち臼歯16〜20本、切歯8本、犬歯4本を備えています。歯にはそれぞれの役割があり、一番本数が多い臼歯は噛み合わせるとちょうど穀物の粒が収まる程度の空間ができ、穀物を食べるのに適していることが分かります。また、犬歯は魚・肉を、切歯は野菜や海藻を噛み切るのに適しています。

歯の構造が示すように、人にとって最も適した食べ物は米や豆などの穀物なのです。

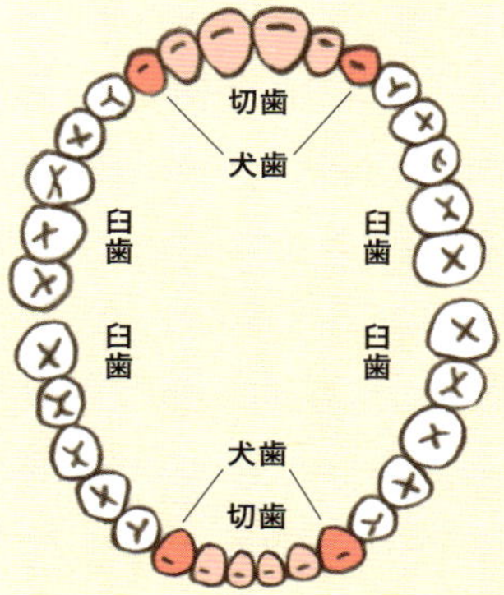

人の歯の構造と仕組み

中庸	臼歯 16〜20本	主食	穀物
陰性	切歯 8本	副菜	野菜・海藻類
陽性	犬歯 4本	主菜	魚・肉類

歯に合わせた食べ方が丈夫なからだを作る

上図のように人の歯は16〜20・8・4の割合で生えています。これは私たちが食べるべきものとその割合（穀物4〜5、野菜・海藻類2、魚・肉1）と同じです。歯には長年にわたる食の歴史が刻まれており、何を食べるべきなのかが分かるようになっています。穀物4〜5、野菜・海藻類2、魚・肉1で摂ることは人の生理や自然の流れに最も寄り添った食べ方です。本書では肉や卵はときどき食べるものと考え、魚や野菜を使ったレシピを多めに紹介しています。

また、からだには自然治癒力が備わっていて、本来の健康な状態であれば多少の不調は自ら回避できると考えられます。本来食べるべき食べ方（食性）に沿うことでその人が持つ自然治癒力や免疫力を高めやすくし、病や不調に負けないからだが作りやすくなるのです。

自然治癒力を高める食材の割合

4〜5：2：1の割合で食べると免疫力が高まりやすい！

月齢に合わせた調理とバランスのよい献立を知ろう

重ね煮おかずは調理方法を工夫することで、離乳食期から親しむことができます。
成長に合わせた調理方法を知りましょう。

幼児食 後期のモデル例

基本の献立

副菜

野菜やきのこなどから作るサブのおかず。主菜で摂りきれないビタミン、食物繊維などを補います。

▶P.51～

主菜

魚、肉、大豆製品などのたんぱく質。からだを作るもととなります。野菜でボリュームを出してもOK。

▶P.27～

主食

エネルギー源となるごはんは献立の基本です。1日2食以上はごはんを摂るとよいでしょう。

▶P.73～

汁物

汁物はからだを整えるものと考えます。野菜を多めに、ビタミンやミネラルなど不足しがちな栄養素を補って。

▶P.73～

重ね煮の配膳では、心臓に近い左側にからだを作る主菜を、心臓と反対の右側にからだを整える副菜を並べます。
上図では、一般的な配膳を示しています。

歯の発達に合わせた硬さ・大きさに

個人差はありますが、離乳食は子どもが食べたがったらスタートのサインです。重湯から始めて、左ページを参考に食べやすく、消化しやすいよう月齢に合わせて調理してあげましょう。

食べられるものが増えてきたら、徐々にバランスのよい献立を意識します。母乳の量が減り、主な栄養を食事から摂るようになったら、上の写真のような主食・主菜・副菜・汁物の組み合わせを心がけるようにしましょう。

また、正しい配膳はごはんが左、汁物は右です。配膳は子どもの食育にもなります。子どもが自分の手でごはんを食べるようになったら、できるだけ主菜1人分を皿に分けて盛るようにしましょう。大皿で全員分のおかずを出すよりも、子どもが「自分の分のごはん」と認識して食べ残しや食べムラを改善しやすくなります。

5〜6ヶ月 離乳食 前期

歯の様子

早ければ5ヶ月ごろから下の前歯（乳中切歯《にゅうちゅうせっし》）が2本生えてきます。歯が生えるころは歯茎がむずがゆく感じられ、よだれが増えることも。

食べ方

重湯

P.87の5〜6ヶ月のおかゆ（三分がゆの上澄み）を基本とします。初めは小さじ1からあげるようにします。

根菜類

根菜はじゃがいものポタージュ（P.83）やみそ汁などの味つけ前の上澄みを。固形物は避けて。

葉菜類

葉菜は根菜類と同様に、豆と野菜のレモンスープ（P.85）やみそ汁などの上澄みをあげます。

母乳以外に慣れる時期、ごはんを中心に与えて

離乳食は母乳以外の味を知る準備段階と考えます。月齢はあくまで目安と考え、赤ちゃんの目線や口の動きなどの食べたいサインを見逃さないように1日1回から始めます。

初日は重湯（三分がゆ〈87ページ〉の上澄み）を小さじ1与え、翌日以降は様子を見ながら小さじ2〜3と量を増やし、同じものを1週間与えます。離乳食も食事の中心は米とし、2週間目以降で旬の食材1品目のスープの上澄みをあげましょう。万が一アレルギー反応があった場合に備えて、始めのうちは1品目の上澄みを与え、3週目以降は2週目に食べられた食材を組み合わせて与えます。

7〜8ヶ月 離乳食 中期

歯の様子

早い赤ちゃんだと8ヶ月ごろから上の前歯（乳中切歯）が生える場合もあります。個人差があるので心配しすぎず、あくまで目安としてください。

食べ方

おかゆ

P.87の7〜8ヶ月のおかゆを基本に。魚や肉はまだ積極的に摂らなくてもOK。

根菜類

やわらかく煮て味つけする前に取り分けを。食べる際に食べやすくつぶして、水分で硬さを調整します。

葉菜類

やわらかく煮て味つけする前に取り分けを。繊維が引っかからないようにすりつぶすか細かく刻みます。

つぶつぶ食感の物を舌でつぶせる時期

7〜8ヶ月は口を動かし、舌で食べ物をつぶして食べる時期に入ります。5〜6ヶ月ごろの食事が飲み込めるようになったら野菜は味つけ前に取り分けて、舌でつぶせるくらいの硬さに煮ましょう。回数は1日2回です。主食、野菜の主菜、副菜を基本にしつつ、大変な場合はおかゆ（87ページ）と味つけ前のみそ汁の具を食べやすくつぶしたもののみでもOKです。つぶつぶとした食感を嫌がるときは一段階前に戻って、片栗粉でとろみをつけるなど飲み込みやすくするとよいでしょう。1日分の栄養のうち、まだ半分以上は母乳やミルクから摂る時期なのであせらず進めましょう。

9～11ヶ月
離乳食 後期

歯の様子

10ヶ月ごろ上の前歯が生えて合計4本になります。奥の歯茎で食べ物を噛むので、食材はやわらかく煮てあげましょう。

食べ方

魚・肉

やわらかく煮て味つけする前に取り分けを。魚の骨などは取り除き、5～8㎜程の大きさに切ります。

根菜類

やわらかく煮て味つけする前に取り分け、5～8㎜大に切ります。粗くつぶしても。

葉菜類

歯茎で噛み切れるやわらかさに煮て味つけする前に取り分け、3～5㎜大に切ります。

形のあるものを奥の歯茎で噛めるように

絹ごし豆腐程度の食べ物を上手に噛んで食べられるようになったら、9～11ヶ月の離乳食をスタートしてもよいでしょう。このころ、舌が左右にも動くようになり、奥の歯茎で食べ物を噛んでつぶせるようになります。歯茎で噛む練習ができるよう、指で力を入れるとつぶせるくらいの硬さを目安に基本は大人の味つけの半量以下の調味料で味つけして取り分けます。回数は3～4時間を空けて1日3回食とします。

手でつかんで、自分で食べようとするのもこのころ。食への関心が高まるよう、汚したりこぼしたりしてもある程度は自由にさせてあげましょう。

12ヶ月～1歳半
離乳食 完了期

歯の様子

上下の乳側切歯が生えて、前歯が上下4本ずつになります（計8本）。このころになると固形物も食べられるものが増えてきます。

食べ方

魚・肉

魚の骨などは取り除いて。やわらかく煮て薄く味つけしたら取り分け、1㎝大に切ります。

根菜類

やわらかく煮ます。1～2㎝程度に切るか、スプーンで粗くつぶしてもOK。

葉菜類

やわらかく煮て取り分け、5㎜～1㎝程度に刻みます。味つけは薄めに。

咀嚼が身につき、大人のおかずに近づく

噛んで食べる練習の時期で離乳食の完了期でもあります。煮物や炒め物などをやわらかく煮て取り分け、味つけは大人の半量の調味料で薄めを基本に、徐々に大人と同量に近づけましょう。味の濃いものや弾力のあるもの、硬すぎるものは避けてください。

舌が上下・左右・前後に動くようになり、前歯が生え揃うと食べ物をかじれるようになります。基本的な咀嚼が身につき、口に入る量を確かめるように自分で積極的に食べ物を口に運ぶようになります。まだ自分では量を調整することはできないので、押し込みすぎないように注意して見るようにしましょう。

1歳半～2歳 幼児食 前期

食べ方

肉・魚

魚は骨を除き、2㎝大に切ります。いか、たこなど弾力のあるものは避けます。

根菜類

やわらかく煮て大きいものは2㎝大に切ります。奥歯が生えたら奥歯で噛める硬さに。

葉菜類

繊維質の葉菜はすりつぶせないのでやわらかく煮て、大きいものは2㎝大に切ります。

歯の様子

犬歯と第1臼歯が生えてきます。奥歯が生え始め、食べられる物が増えます。噛み砕くことはできますが、上下の歯ですりつぶすことはまだできません。

離乳食から幼児食に移り変わる

離乳食が終わると、1歳半～5歳くらいまでの幼児食と呼ばれる時期に入ります。幼児食は未就学児用の食事のことで、1歳半～2歳くらいまでを幼児食前期と呼びます。

このころはいろいろな食べ物や味と出合い、大人と同じ食事を摂ることに慣れていく時期。ほぼ大人と同じ物を食べられるようになりますが、薄味にする工夫が必要です。おやつも積極的に摂る必要はなく、果物など自然な甘さのものをほどほどにしましょう。

奥歯が生えてきたら徐々に噛む力をつけられるように食べ物の硬さを調整しましょう。みりん、料理酒などの調味料はアルコール分を飛ばせばOKです。

3～5歳 幼児食 後期

食べ方

肉・魚

2～5㎝大に切ります。いかやたこもOKですが切れ目を入れて食べやすくするなど工夫を。

根菜類

2～3㎝大に切り、大人と同じ味つけで食べても。油が多いフライドポテトなどはほどほどに。

葉菜類

2～3㎝大に切り、幼児食前期よりも硬めに調理します。しょうがやにんにくなどは少量ならOK。

歯の様子

2歳～2歳半くらいまでの間に第2臼歯が生え、乳歯20本が全て生え揃います。臼歯が生えるまでは食材はやわらかく煮てください。

大人と同じ食事が可能 食育も積極的に

幼児食後期にあたる3～5歳は一般的に乳歯が生え揃い、ほぼ大人と同じ食事が取れるようになります。成長スピードが速い時期なので、バランスよく食べることを心がけましょう。

食べられるものが増えますが、噛む力は大人の⅓程度ともいわれているので弾力のあるものはやわらかく煮る、食べやすく切るなどの工夫を。切り方は1歳半以降とあまり変わりませんが、味つけは大人と同じものが食べられるようになります。できる範囲で食に触れる機会を増やせるとよいでしょう。辛みのあるものなどは少しずつ取り入れ、刺激物や油っぽいものはほどほどにしましょう。

重ね煮体験ママから
喜びの声続々！

田島先生の料理教室（重ね煮アカデミー）に通う生徒さんに、重ね煮を取り入れた後の子どもの食事や生活の変化をうかがいました。お気に入りレシピも合わせて紹介します。

シンプルな考え方で
毎日の料理が
楽しくなりました

矢島弓枝さん

Yちゃん（5歳）、Mちゃん（3歳）、Kくん（7ヶ月）

住まい 神奈川県

重ね煮歴 5年

【子どものお気に入りレシピ】

- ミネストローネ ▶ P.82
- じゃがいものポタージュ ▶ P.83

重ね煮食の子どもたちは病気知らず！

以前は食材ごとに○○はよい、△△は悪いという考え方に縛られ、毎日の献立を考えるのが億劫だったという矢島さん。シンプルにからだとの調和を図る重ね煮の理論に納得し、重ね煮を開始。「3人の子どもたちは離乳食、妊娠前から重ね煮っ子。おかげでほとんど病院に通うこともなく、以前よりも家庭料理に自信を持つことができるようになりました」。家庭の味が安定し、毎日の料理もラクになったそうです。

子どもの食べムラの悩みが解消され気持ちもラクに

初期の離乳食作りに手間を感じていたころ重ね煮に出合い、大人のおかずを取り分けるだけでよいことに魅力を感じたというM・Nさん。ピーマンが苦手だったHくんに重ね煮できんぴらを作ったところ、ピーマンをモリモリ食べてくれるように。「以前は子どもの食べムラに悩むこともありましたが、今は重ね煮みそ汁さえ食べてくれればよいと思えるようになって、気持ち的にもラクです！」

長男は重ね煮で
ピーマン嫌いを
克服しました！

M・Nさん

Hくん（6歳）、Yくん（3歳）

住まい 神奈川県

重ね煮歴 2年

【子どものお気に入りレシピ】

- 基本のポテトコロッケ ▶ P.49
- ピーマンのきんぴら ▶ P.57

食べることが大好きな娘は離乳食から重ね煮！

離乳食の調理や
普段の食事も
手間なくおいしい！

加藤奈央さん
Kちゃん（3歳）
住まい 東京都
重ね煮歴 5年

重ね煮を始めて程なくKちゃんを授かり、心とからだが元気になったことを実感したという加藤さん。「娘は重ね煮で離乳食を始めたためか、食べることが何よりも大好きな子に育ちました」。重ね煮は食材を丸ごと食べる全体食が基本。皮むきやアク取りなしという調理法とそのおいしさに驚き、魅力を感じたそう。最近ではKちゃんに食材を重ねる作業を手伝ってもらうこともあるそうです。

【子どものお気に入りレシピ】
- 五目春雨 ▶P.45
- 切り干し大根のハリハリサラダ ▶P.63

子どもの好き嫌いがなくなり ママも甘いもの依存がなくなった

重ね煮を通じて
家族の味覚と
食の軸が整いました

E・Yさん
Aちゃん（5歳）、Aちゃん（2歳）
住まい 神奈川県
重ね煮歴 1年半

だしを取らなくてもおいしいおかずができることに感動し、重ね煮を始めたE・Yさん。「娘たちは汁物を残すことが多かったのですが、重ね煮の汁物は残さず食べ、ときにはおかわりまでするように」。嬉しい変化はYさんにも。「私自身も甘いものが好きで、毎日のチョコレートが欠かせなかったのですが、からだが整い、今はなくても気にならなくなりました」。家族で食の軸が整ったことが嬉しい変化だそうです。

【子どものお気に入りレシピ】
- 重ね煮豚汁 ▶P.74
- 煎り玄米のポタージュ ▶P.114

家族も大満足！ ママたちのリピートレシピ

肉じゃが

子どもだけでなく家族からの評判も高いという肉じゃが。短時間で作れるところも、ママにとっては嬉しいポイントです。

肉じゃが ▶P.37

重ね煮みそ汁・ポタージュ

旬の野菜を使った重ね煮みそ汁やポタージュは子どもたちから大人気。野菜が苦手な子どもでも食べやすいようです。

煎り玄米のポタージュ ▶P.114

季節の重ね煮みそ汁 ▶P.76～

COLUMN <1>

からだを整える！ 調味料の選び方

食材の陰陽の力を調整する調味料。
料理とのバランスを取りながら、偏りのないように取り入れましょう。

みそ

陽性

みそは国産の丸大豆、塩、麹のみを原料とした天然醸造のものを。8～12ヶ月かけて熟成させたものは香りや風味が豊かです。

しょうゆ

陽性

国産の丸大豆、小麦、塩を原材料とし、1～2年かけてじっくり熟成発酵させたものを選びます。

塩

陽性

海水を天日で蒸発させたミネラルを含む自然塩を選びます。日本人のからだには日本の海から採れる塩がなじみやすいです。

砂糖

陰性

精製度が低く、ミネラルを含んだ砂糖を選びましょう。本書ではさとうきび由来のきび砂糖を使用しています。

みりん

陰性

もち米、米麹、焼酎を混ぜてじっくり発酵させたものを選びます。煮物やきんぴらなど甘みが欲しい料理に少量を使用しましょう。

酢

陰性

塩分を含まない酢は陰性の調味料。米を原料とした米酢やりんごを原料としたりんご酢など、自然発酵させた醸造酢を選びます。

摂りすぎに注意したいもの

左記のものは、
乳児期に摂るのは
なるべく避け、
幼児期はほどほどに
しましょう。

【油】

離乳食中期までは使用しません。離乳食後期以降で使用する場合は、少量を効果的に。圧搾法で抽出したなたね油やオリーブ油を選びます。

【甘味・ジュース】

ストレートな甘みに舌が慣れると甘みの感度が鈍くなり、より甘いものが欲しくなります。幼児期もおやつに少量取り入れる程度に。

【白砂糖】

精製した砂糖は陰性が強く、腸に負担をかけるため使用しません。おやつには精製が少ないきび砂糖、てんさい糖などを少量使います。

※はちみつはボツリヌス菌が潜んでいることがあるため、1歳をすぎてから使用します。

PART 1

丈夫なからだを作る
重ね煮メイン

ボリュームのある魚や肉、野菜のおかずは、
日々の成長が著しい子どもたちのからだを作る
栄養の源になります。
まろやかで食べやすく、家族の満足度も高いおかずで
日々の食生活を整えましょう。

基本の魚・肉料理

重ね煮では穀物４～５、野菜・海藻類２、
魚・肉１の食べ方を基本とします。肉よりも
魚を多めに、バランスよく食べるようにしましょう。

【1歳半～5歳】

1歳半以降は大人と同じ味
つけでOKです。

鮭のみそ炒め

重ね煮なら炒めものも油なしで作ることができます。
みそのこっくりとした味わいが広がり、魚が苦手な子どもでも食べやすい一品です。

9ヶ月〜　約5分　お弁当

材料はこのくらい！

材料（大人2人+幼児1人）

みそ…大さじ2
生鮭…2切れ ▶ 下味
にんじん…40g ▶ 短冊切り
玉ねぎ…1/2個 ▶ 横半分の薄切り
キャベツ…3枚 ▶ ざく切り
ピーマン…3個 ▶ ひと口大
しいたけ…2枚 ▶ 4つ切り、軸は縦半分

＋

水…1/2カップ
みりん…大さじ1
しょうゆ…大さじ1
【魚の下味】
塩…少々

a

b

作り方

1. バットに鮭を並べ、下味の塩少々をふってしばらく置く（a）。キッチンペーパーなどで表面の水気を拭き取り、ひと口大に切る。
2. ふたつきフライパンに図のように材料を重ねて、分量の水を加えたらふたをして約1分中火にかける（b）。
3. 湯気が出たら弱火にし、約3分煮る。鍋肌からみりん、しょうゆを加えて全体をざっと混ぜ合わせて汁気を飛ばす。

・アレンジPoint・

みそを重ねることで魚がやわらかく食べられます。鮭以外にもさわらやたら、すずきなど好みの白身魚で作ってみてください。

Baby!
取り分け離乳食

【9〜11ヶ月】

半量以下の調味料で薄く味つけしてからやわらかく煮えた野菜と魚を取り分け、刻みます。9〜11ヶ月のおかゆ（P.87）に混ぜてもOK。

【12ヶ月〜1歳半】

12ヶ月以降は小さく切り、半量の調味料から大人と同じ味つけに近づけます。

かじきのケチャップ煮

9ヶ月〜　約5分　お弁当

**野菜の旨みと子どもが好きなケチャップ味で、食べやすく。
きのこから果菜、根菜まで野菜もしっかり摂れます。**

材料（大人2人+幼児1人）

かじき…3切れ ▶ ひと口大 下味
にんじん…50g ▶ 薄いいちょう切り
玉ねぎ…1/2個 ▶ 薄切り
ピーマン…3個 ▶ ひと口大
ぶなしめじ…1パック ▶ 手でほぐす

＋

水…3/4カップ
ケチャップ…大さじ3
みりん…大さじ2
しょうゆ…大さじ2
片栗粉…小さじ1
【魚の下味】
しょうゆ、酒、片栗粉…各小さじ2

作り方

1. バットにかじきを並べ、下味の調味料を回しかけ、軽くもんで約10分置く。
2. ふたつきフライパンに図のように材料を重ねて、分量の水を加えたらふたをして約1分中火にかける。
3. 湯気が出たら弱火にし、約3分煮る。具材がやわらかくなったら、ボウルにケチャップ、みりん、しょうゆ、片栗粉を合わせて2に回しかけ、混ぜながらとろみをつける。

・アレンジPoint・

かじきのほか、白身魚でのアレンジがおいしくいただけます。彩りがきれいなので、お弁当のおかずにもおすすめです。

Baby! 取り分け離乳食

【9〜11ヶ月】

具材がやわらかく煮えたら半量以下の調味料で味つけして取り分けます。スプーンでつぶしてあげます。

【12ヶ月〜1歳半】

半量の調味料で味つけして取り分けます。

・アレンジPoint・

魚 はさばのほか、さんまなど焼き魚向きの魚であればアレンジが可能です。旬の魚を使えば年中楽しむことができます。

調理のポイント

魚は下味をつけておくことで臭みがなくなり、少ない調味料でもしっかりとした味つけになります。

焼きさばのしょうが風味あんかけ

9ヶ月〜　約5分

魚の焼き時間を除く

野菜をたっぷり重ねて使ったあんかけで栄養バランスの取れた一品に。
とろみのあるあんは、赤ちゃんも食べやすくおすすめです。

材料（大人２人+幼児１人）

にんじん…15g ▶ せん切り
玉ねぎ…1/4個 ▶ 薄切り
白菜…50g ▶ せん切り
しょうが…3g ▶ せん切り

＋

さば…3切れ ▶ 下味
水…1カップ
塩…小さじ1/2
みりん…大さじ1
しょうゆ…大さじ1
片栗粉…大さじ1 ▶ 倍量の水で溶く
あれば小ねぎ…適量 ▶ 小口切り
【魚の下味】
しょうゆ、酒…各小さじ2
しょうがの汁…少々

作り方

1. バットにさばを並べ、下味の調味料を回しかけ、約10分置く。キッチンペーパーなどで軽く汁気を取り、グリルで両面をこんがりと焼く。
2. 鍋に図のように材料を重ねて、分量の水を加えたらふたをして中火で約2分煮る。
3. 湯気が出たら弱火にし、約3分煮る。野菜がやわらかくなったら、塩、みりん、しょうゆで味を調えて水溶き片栗粉でとろみをつける。
4. 皿に1をのせ、上から3をかけ、好みで小ねぎを飾る。

Baby!
取り分け離乳食

【9〜11ヶ月】

しょうがは抜いて作り、半量以下の調味料で味つけします。野菜と煮汁を取り分けたらほぐした少量の魚と混ぜて、とろみをつけてあげてください。

【12ヶ月〜1歳半】

半量の調味料で味つけしたら野菜あんを取り分けて焼いた魚にかけます。

・アレンジPoint・

魚はさわらのほかに、たらやほたてもおすすめ。

さわらのうま煮

9ヶ月〜　約5分　お弁当

玉ねぎや野菜の甘みで魚を食べやすくしました。
魚は下味をつけておくことで少ない調味料でもおいしく仕上がります。

材料（大人2人+幼児1人）

さわら…2切れ ▶ ひと口大 ▶ 下味
にんじん…50g ▶ 幅広の短冊切り
玉ねぎ…1/3個 ▶ 薄切り
チンゲン菜…1株 ▶ 削ぎ切り
まいたけ…50g ▶ 手でほぐす

＋

水…1/2カップ
塩…小さじ1/4
しょうゆ…小さじ1
片栗粉…大さじ1 ▶ 倍量の水で溶く
好みでごま油…適量
【魚の下味】
しょうがの汁、しょうゆ、酒…各小さじ1
片栗粉…少々

作り方

1. バットにさわらを並べ、下味の調味料を回しかけ、約10分置く。
2. ふたつきフライパンに図のように材料を重ねて、分量の水を加えたらふたをして約1分中火にかける。
3. 湯気が出たら弱火で約3分煮る。魚に火が通ったら、鍋肌から塩、しょうゆを加えて全体をざっと混ぜ合わせて、水溶き片栗粉でとろみをつける。好みでごま油を加えて全体をざっと混ぜる。

Baby!
取り分け離乳食

【9〜11ヶ月】

離乳食の場合は下味のしょうがは抜きます。半量以下の調味料で薄く味つけしてから、やわらかく煮た野菜と魚を取り分けて小さく切り、水溶き片栗粉でとろみをつけます。

【12ヶ月〜1歳半】

半量の調味料で味つけし、取り分け、小さく切ります。

・アレンジPoint・

豆乳を使っているので牛乳アレルギーの子どもでも食べやすいです。むきえびのほか、あさりでもおいしく仕上がります。

えびの豆乳チャウダー

9ヶ月〜　約12分

牛乳や小麦粉を使わない豆乳チャウダーです。
豆乳のクリーミーさとまろやかな味わいで、子どもの食も進みます。

材料（大人2人+幼児1人）

むきえび…100g ▶ 下処理
にんじん…40g ▶ いちょう切り
玉ねぎ…1/3個 ▶ 色紙切り
じゃがいも…1個
▶ 厚めのいちょう切り
キャベツ…2枚 ▶ 色紙切り

＋

水…2カップ
塩…小さじ1/2
豆乳…1/2カップ
パセリ ▶ 刻む
【えびの下処理】
塩…ひとつまみ
酒、片栗粉…各小さじ1/4弱

作り方

1. むきえびは下処理の調味料につけて軽くもんでおく。
2. 鍋に図のように材料を重ねて、分量の水を加えたらふたをして約3分中火にかける。
3. 湯気が出たら弱火にし、約7分煮て、塩と豆乳を加えて味を調える。豆乳を加えたらさっと約2分加熱し、煮立たせないように注意する。器に注ぎ、パセリを散らす。

Baby!
取り分け離乳食

【9〜11ヶ月】

3で具材が煮えたら野菜と汁を一緒に取り分けます。野菜はスプーンの背でつぶして食べやすくします。

【12ヶ月〜1歳半】

具材が煮えたら半量の調味料で味つけして取り分けます。

DHA・EPAたっぷり！

いわしの肉だねで簡単メイン2品

カルシウムやDHAたっぷりのいわしは子どものうちから積極的に摂りたい食品。
肉だねを使って、子どもが食べやすい2品を作ります。

いわしの肉だね

ハンバーグや煮物、鍋物などアレンジ自在の肉だね。
時間に余裕のあるときに作って
冷凍しておいても便利です。

材料

（作りやすい分量／約500g分）

いわし（3枚おろしにしたもの）…18尾（約400g）
玉ねぎ……1/2個 ▶ みじん切り
しょうが…ひと片 ▶ みじん切り
みそ…小さじ2
塩…小さじ1/4
片栗粉…適量

作り方

1. 材料を全てフードプロセッサーに入れて細かくする。
2. 半量は小判形に成形し（肉だねⒶ）、半量は食べやすい大きさに丸める（肉だねⒷ）。

いわしの肉だねⒶ

小判形に成形

いわしの肉だねⒷ

食べやすく丸める

Point

離 乳食に使用する場合はしょうがは抜きます。フードプロセッサーがなければ、包丁でいわしを細かく叩きます。

いわしハンバーグ

9ヶ月〜　約6分　お弁当

みそとしょうがが魚の臭みを和らげます。
子どもが大好きなハンバーグも
いわしなら栄養満点です。

材料（大人2人+幼児1人）

いわしの肉だねⒶ…約6個
あれば青じそ…1枚
なたね油…少々
【照り焼きだれ】
みりん、しょうゆ…各大さじ1
片栗粉…小さじ1/2

作り方

1. フライパンになたね油をひき、いわしの肉だねⒶを並べ、中火で片面約3分ずつ加熱し、両面をこんがりと焼く。
2. みりんとしょうゆ、片栗粉を合わせたものを煮て、1にかけ、あれば青じそを添えて皿に盛る。

9ヶ月以降はしょうがは抜き、油が気になるので焼かずにゆでたものをあげます。半量以下の調味料で味つけし、12ヶ月以降は焼いても。

Kids

Point

いわし団子は湯がくほか、少量の油で揚げ焼きにしてから煮てもOK。カリッとおいしくいただけます。

調理のポイント

いわし団子のゆで汁は煮物の煮汁に使います。アク取りは不要です。いわしの旨みが煮物に染み込み、おいしく仕上がります。

いわし団子と大根の煮物

9ヶ月〜　約15分　お弁当

いわし団子のゆで汁を煮物の煮汁に使い、魚の旨みをたっぷり含んだ煮物に。
しょうがでからだも温まります。

材料（大人2人+幼児1人）

- **いわしの肉だね** B …約12個
- **にんじん**…80g ▶ 乱切り
- **大根**…300g ▶ 乱切り
- **しょうが**…1片 ▶ せん切り

＋

- **水（肉だね用）**…1と1/2カップ
- **水**…1カップ ※ゆで汁を含む
- **しょうゆ**…大さじ2
- **みりん**…大さじ1
- **ブロッコリー**…50g ▶ 小房に分ける

作り方

1. 鍋に肉だね用の水を入れて沸かし、肉だね B をスプーンなどで落とし、浮き上がったらボウルに上げる。ゆで汁は取っておく。
2. 別の鍋に図のように材料を重ねて、1のゆで汁を含む水を加え、ふたをして中火に約3分かける。
3. 湯気が出たら弱火で約8分煮る。野菜がある程度やわらかくなったら、しょうゆ、みりんを2回に分けて加えて煮含め、味を調える。
4. ブロッコリーを入れて色よく2〜3分煮る。

Baby!

取り分け離乳食

9〜11ヶ月

しょうがは抜いて作ります。半量以下の調味料で薄く味つけしてからいわし団子と野菜を取り分けます。

12ヶ月〜1歳半

半量の調味料で味つけをして取り分けます。

栄養バランス満点！

野菜も摂れる白身魚のおかず2品

子どもに食べさせたい魚と野菜がひと皿でしっかりと摂れるおかずを紹介します。
どちらもからだを整える中庸のおかずです。

すずきのマリネ

12ヶ月〜　約3分

魚の焼き時間を除く

材料（大人２人+幼児１人）

※はちみつの使用は
　１歳未満の赤ちゃんには避けましょう

すずき（鮭など焼き魚にできるもの）
…３切れ ▶ ひと口大
玉ねぎ…1/4個 ▶ 薄切り
にんじん…30g ▶ せん切り
セロリ…20g ▶ 斜め薄切り
きゅうり…１本 ▶ 細切り
ミニトマト…５〜６個 ▶ 縦半分

【マリネ液】
梅酢（P.115）…大さじ2
みりん…大さじ2
はちみつ…大さじ1
米酢…大さじ1
レモン…1/2個
▶ 搾る（レモン汁大さじ1/2）
▶ 皮は少量を薄く削いでみじん切り

作り方

1. すずきは軽く塩少々（分量外）をしてグリルで焼いておく。
2. 米酢、レモン汁以外のマリネ液の調味料とレモンの皮を鍋に入れる。中火で軽く煮立たせたら米酢を加えて火を止め、レモン汁を加えて味を調える。
3. 2の鍋に熱いうちに玉ねぎ、にんじんを加え、粗熱を取る。セロリ、きゅうりを梅酢適量（分量外）でもみ、水気を軽く絞って加える。
4. 1を3に漬け、約5分置いて味をなじませる。器に盛り、ミニトマトを添える。

12ヶ月以降は半量の調味料で味つけし、細かく刻んだ野菜と魚を一緒にあげます。

さわらの幽庵ホイル焼き

9ヶ月〜　約10分

材料（大人２人+幼児１人）

さわら…３切れ ▶ 下味
ぶなしめじ…1/2パック
▶ 手でほぐす
長ねぎ…１本 ▶ 斜め薄切り
にんじん…80g ▶ 短冊切り
レモンの皮…1/4個分 ▶ せん切り
レモン汁…大さじ1
みりん…大さじ1
しょうゆ…大さじ1
レモン…適量 ▶ 半月切り
【魚の下味】
しょうがの汁、しょうゆ、
酒…各小さじ1

作り方

1. バットにさわらを並べ、下味の調味料を回しかけ、約10分置く。
2. アルミホイルを広げて、１人分ずつぶなしめじ、長ねぎ、にんじん、さわらの順に重ねて、レモンの皮を散らす。同様に3つ作る。
3. ボウルにレモン汁、みりん、しょうゆを合わせ、2に回しかけたらホイルの端をねじって包み、フライパンにのせてふたをし、中火で約10分焼く。仕上げにレモンを飾る。

9ヶ月以降はしょうがを抜いて作り、半量以下の調味料で味つけし、取り分けてスプーンでつぶしてあげます。12ヶ月以降は半量の調味料で味つけします。

Point

肉は下味をつけることでふっくらやわらかくなります。通常の肉じゃがよりも少ない調味料でできます。

肉じゃが

9ヶ月〜　約15分　お弁当

短時間でしっかり味が染みる肉じゃがは、調理が簡単なので
お母さんからも大人気です。だしを使わなくても、おいしくできます。

材料（作りやすい分量）

豚薄切り肉…100g ▶ 下味
にんじん…50g ▶ 乱切り
玉ねぎ…1/2個 ▶ 薄切り
じゃがいも…3個 ▶ ひと口大
糸こんにゃく…50g
▶ 長い場合は食べやすく切る

＋

水…1/2カップ
しょうゆ…大さじ2
みりん…大さじ2
さやいんげん…適量
【肉の下味】
しょうゆ、みりん…各大さじ1/2
片栗粉…大さじ1

作り方

1. 豚肉は下味の調味料と合わせてもみ込んでおく。
2. 鍋に図のように材料を重ねて、分量の水を加えたらふたをして約3分中火にかける。
3. 沸騰したら豚肉を軽くほぐしてしょうゆ、みりんを2回に分け入れ、再びふたをし、弱火で約10分煮含める。
4. じゃがいもに火が通ったら鍋肌からさやいんげんを加え、ふたをして約2分色よく蒸し煮する。

Baby!
取り分け離乳食

【9〜11ヶ月】
半量以下の調味料を加えてやわらかく煮てから取り分けます。

【12ヶ月〜1歳半】
半量の調味料で味つけします。

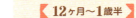

鶏ミンチのチリコンカン

材料（作りやすい分量）

鶏ひき肉…100g
水煮大豆…1缶（200g）
にんじん…60g ▶ みじん切り
にんにく…1片 ▶ みじん切り
玉ねぎ… 3/4個 ▶ みじん切り
トマト缶…1/2缶（200g）

＋

水…1/3カップ
好みで鷹の爪…1/2本
塩…小さじ1/2〜1
しょうゆ…小さじ2
あればパセリ…適量
▶ 刻む

作り方

1. 鍋に図のように材料を重ねて、分量の水と好みで鷹の爪を加えたらふたをして約2分中火にかける。
2. 湯気が出たらひき肉を箸で軽くほぐして再びふたをし、弱火で約10分煮る。
3. 野菜がやわらかくなったら塩、しょうゆを2回に分け入れ、煮汁が少なくなるまで煮て味を煮含め、パセリを散らす。

離乳食の場合は鷹の爪を抜きます。12ヶ月以降は**3**で野菜がやわらかく煮えたら、半量の調味料で仕上げて取り分けます。にんにくが苦手な場合は取り除いても。

・Point・

子どもにも大人にも人気のチリコンカン。辛みを加えず、トマト味をベースにして子どももおいしく食べられる味に仕上げています。

鶏手羽と根菜のスープ

材料（大人2人＋幼児1人分）

手羽元…5〜6本
▶ 塩小さじ1/2でもむ
にんじん…50g ▶ 乱切り
長ねぎ…1/2本 ▶ 3cm長さ
かぶ…2個 ▶ 6つ切り
白菜…100g ▶ ざく切り
しょうが…1片 ▶ せん切り

＋

水…2と1/2カップ
塩…小さじ1/2
しょうゆ…小さじ1/2
ブロッコリー…1/4房
▶ 小房に分ける

作り方

1. 鍋に図のように材料を重ねて、分量の水を加えたらふたをして約5分中火にかける。
2. 沸騰したら弱火にし、約8分煮る。野菜に火が通ったら塩、しょうゆを加えて味を調え、ブロッコリーを加え、ふたをして約2分色よく煮る。

9ヶ月以降は**2**で半量以下の調味料で薄く味つけし、野菜と汁を一緒に取り分けます。12ヶ月以降は半量の調味料で薄めに仕上げてから取り分け、肉は身をほぐします。

・Point・

手羽元と野菜をコトコト煮込んだスープはボリュームたっぷり。寒い冬におすすめです。

Point

鶏 もも肉を選ぶことでふっくらジューシーに。下味をつけてから重ねると、やわらかく仕上がります。

調理のポイント

干ししいたけの戻し汁には栄養と旨みがたっぷり。煮物の煮汁として使えばしっかり旨みがつきます。

筑前煮

根菜をたっぷり使った筑前煮は秋冬の定番。重ね煮することで通常より簡単にできて、野菜の旨みもしっかり引き出せます。

材料（作りやすい分量）

- **鶏もも肉**…120g ▶ ひと口大 下味
- **れんこん**…50g ▶ 乱切り
- **ごぼう**…50g ▶ 乱切り
- **にんじん**…60g ▶ 乱切り
- **里いも**…1個 ▶ 乱切り
- **大根**…120g ▶ 乱切り
- **干ししいたけ**…3枚 ▶ 水で戻す ▶ 削ぎ切り（戻し汁は取っておく）
- **昆布5cm四方**…1枚 ▶ 1cm四方に切る
- **こんにゃく**…100g ▶ 塩ゆで ▶ 手でちぎる

＋

- **水**…1カップ ※干ししいたけの戻し汁を含む
- **しょうゆ**…大さじ2と1/2
- **みりん**…大さじ2
- **さやいんげん**…5本 ▶ 3cm長さ

【肉の下味】

- **しょうゆ、みりん**…各大さじ1/2
- **片栗粉**…大さじ1

作り方

1. 鶏肉は下味の調味料と合わせてもみ込んでおく。
2. 鍋に図のように材料を重ねて、干ししいたけの戻し汁を含む水を加えたらふたをして約3分中火にかける。湯気が出たら弱火にし、約8分煮る。
3. 材料に8割がた火が通ったらしょうゆ、みりんを2回に分け入れ、約3分煮て味を含ませる。
4. 鍋肌からさやいんげんを加え、ふたをして約1分色よく煮る。

Baby! 取り分け離乳食

【9〜11ヶ月】

半量以下の調味料で味つけしてやわらかく煮えたら野菜を取り分けてスプーンでつぶします。

【12ヶ月〜1歳半】

具材がやわらかく煮えたら半量の調味料で薄く味つけして取り分け、食べづらそうな場合は小さく切ります。

・アレンジPoint・

肉 は白身魚で代用して、魚の八宝菜にしても。魚の場合はさわらや、たらがおいしくできます。

重ね煮八宝菜

9ヶ月〜　約8分

油で炒めなくても、旨みたっぷりにできる八宝菜。
野菜を重ねていくだけなので手間もかからず、ヘルシーに仕上がります。

材料（作りやすい分量）

豚薄切り肉…200g ▶ 2cm幅 下味
にんじん…40g ▶ 幅広の短冊切り
にんにく…1片 ▶ みじん切り
玉ねぎ…1/2個 ▶ 薄切り
キャベツ…5枚 ▶ ざく切り
チンゲン菜…100g ▶ ざく切り
もやし…100g
生しいたけ…3枚 ▶ 4等分

＋

水…1カップ
塩…小さじ1
しょうゆ…大さじ1
片栗粉…大さじ1 ▶ 倍量の水で溶く
好みでごま油…適量
【肉の下味】
しょうゆ、酒、片栗粉…各大さじ1

作り方

1. 豚肉は下味の調味料と合わせてもみ込んでおく。
2. ふたつきフライパンに図のように材料を重ねて、分量の水を加えたらふたをして約3分中火にかける。
3. 沸騰したら弱火にして約5分煮る。豚肉に火が通ったら塩、しょうゆを合わせて鍋肌から回し入れ、全体を混ぜる。水溶き片栗粉でとろみをつける。
4. 好みでごま油を回しかける。

Baby!
取り分け離乳食

【9〜11ヶ月】

にんにくは抜いて作ります。やわらかく煮て半量以下の調味料で味つけし、野菜を取り分けて小さく刻みます。

【12ヶ月〜1歳半】

半量の調味料で味つけします。豚肉と野菜は小さく刻みます。

鶏肉のチンジャオロースー風

12ヶ月～　約5分半　お弁当

脂分の少ない鶏肉を使って、小さな子どもも食べやすい味に仕上げています。
少ない塩分でも、重ね煮ならしっかり味がつきます。

材料（大人2人+幼児1人）

鶏むね肉…150g ▶ 細長く切る 下味
長ねぎ…1/2本 ▶ 粗みじん切り
ピーマン…4個 ▶ 細切り
水煮たけのこ…1個 ▶ ひと口大

＋

水…1/3カップ
塩…小さじ1/3
しょうゆ…小さじ1
【肉の下味】
塩、酒…各少々
片栗粉…小さじ1

作り方

1. 鶏肉は下味の調味料と合わせてもみ込んでおく。
2. ふたつきフライパンに図のように材料を重ねて、分量の水を加えたらふたをして約1分中火にかける。
3. 湯気が出たら少し火を弱め、約4分半煮る。鶏肉に火が通ったら塩、しょうゆを合わせて鍋肌から回し入れ、全体を混ぜる。

Point

炒めずにできるチンジャオロースー風。鶏肉は下味をつけることでぷるんとやわらかく仕上がります。

Baby! 取り分け離乳食

【12ヶ月～1歳半】

鶏肉は半量の調味料で下味をつけて火が通ったら取り分けます。たけのこが食べづらそうなら小さく切ります。

基本の野菜料理

子どもでも食べやすく、メインとしても食べ応えのある野菜レシピを集めました。ビタミン、ミネラルなど積極的に摂りたい栄養がたっぷりです。

【1歳半～5歳】

大人のおかずをそのまま食べられます。具材が大きい場合は小さめに切ってあげると食べやすいです。

ラタトゥイユ

蒸し煮で煮れば、夏野菜の甘みやまろやかな酸味をしっかり引き出せます。
多めに作って魚や肉のソースとして添えても。

7ヶ月〜　約8分　お弁当

材料はこのくらい！

材料（作りやすい分量）

- **にんじん**…25g ▶ 半月〜いちょう切り
- **にんにく**…1片 ▶ 薄切り
- **玉ねぎ**…1/3個 ▶ 半分長さの薄切り
- **かぼちゃ**…1/8個 ▶ ひと口大
- **ズッキーニ**…1本 ▶ 半月切り
- **トマト**…1個 ▶ ざく切り
- **なす**…1本 ▶ ひと口大

＋

- **水**…大さじ2
- **塩**…小さじ1/2
- **りんご酢**…小さじ1

作り方

1. 鍋に図のように材料を重ねて（a）、分量内の塩小さじ1/4をぱらりとふり、分量の水を加えたらふたをして3～4分中火にかける。
2. 湯気が出たら弱火で約4分煮る。野菜が8割がたやわらかくなったら、残りの塩、りんご酢を加えて（b）煮含める。仕上げに全体をざっと混ぜる。

Point

りんご酢は野菜の変色防止やサラダなどの料理にも使えるので1本持っておくと便利。仕上げに加えることでまろやかな味に。

Baby!
取り分け離乳食

【7～8ヶ月】

離乳食に使用する場合はにんにくは抜いて作ってください。2で味をつける前に野菜を取り分けてつぶし、煮汁と一緒にあげます。

【9～11ヶ月】

半量以下の調味料で薄く味つけしてから、やわらかく煮えた野菜と汁を取り分けます。

【12ヶ月～1歳半】

半量の調味料で味つけして取り分けます。

・アレンジPoint・

木 綿豆腐の代わりに厚揚げを焼いてもおいしくいただけます。離乳食期の赤ちゃんには、豆腐は焼かずに湯通ししてください。

豆腐ステーキ切り干し野菜あんかけ

こんがり揚げ焼きにした豆腐に切り干し野菜あんをたっぷりかけて。
干ししいたけなど乾物を使うことで旨みがアップします。

材料（作りやすい分量）

【切り干し野菜あん】
- **にんじん**…40g ▶ せん切り
- **玉ねぎ**…1/4個 ▶ 薄切り
- **切り干し大根**…20g ▶ 水で戻す
- **しょうが**…3g ▶ せん切り
- **干ししいたけ**…2枚 ▶ 水で戻す ▶ 細切り（戻し汁は取っておく）

＋

- **水**…1と1/2カップ ※干ししいたけの戻し汁を含む
- **塩**…小さじ1/2
- **しょうゆ**…大さじ1弱
- **みりん**…大さじ1弱
- **片栗粉**…大さじ1 ▶ 倍量の水で溶く
- **小ねぎ**…適量 ▶ 小口切り

【豆腐ステーキ】
- **木綿豆腐**…2丁 ▶ 半分の厚さにする ▶ 水切り
- **片栗粉**…適量
- **なたね油**…大さじ3

作り方

1. 切り干し野菜あんを作る。鍋に図のように材料を重ねて、干ししいたけの戻し汁を含む水を加えてふたをし、約3分中火にかける。
2. 湯気が出たら弱火にし、約5分煮て野菜がやわらかくなったら、塩、しょうゆ、みりんで味を調えて水溶き片栗粉でとろみをつける。
3. 豆腐ステーキを焼く。水切りした豆腐に片栗粉をまぶし、フライパンになたね油をひき、両面をこんがりと焼く。
4. **3**を器に盛り、**2**をかけ、小ねぎを散らす。

→

Baby!
取り分け離乳食

【9〜11ヶ月】

しょうがは抜いて作ります。**2**で半量の調味料で味つけしてやわらかく煮た野菜あんを取り分け、湯通しした豆腐に野菜あんをかけます。

【12ヶ月〜1歳半】

半量の調味料で味つけした野菜あんを焼いた豆腐にかけます。

子どもも大好き！ 五目春雨のおかず

乾物や野菜の旨みをたっぷり吸った春雨は、重ね煮ならではのおいしさ。そのまま出すのはもちろん、多めに作って春巻きの具としてアレンジするのもおすすめです。

五目春雨

9ヶ月～ 約5分 お弁当

材料（作りやすい分量）

【五目春雨あん】
- **桜えび**…小さじ1 ▶ 刻む
- **にんじん**…40g ▶ せん切り
- **玉ねぎ**…1/2個 ▶ 薄切り
- **しょうが**…ひと片 ▶ せん切り
- **干ししいたけ**…2枚
  ▶ 水で戻す ▶ 細切り
  （戻し汁は取っておく）

＋

- **水**…1/2カップ強
  ※干ししいたけの戻し汁を含む
- **春雨**…50g
  ▶ ゆでる ▶ 食べやすい長さ
- **ニラ**…30g ▶ 3cm長さ
- **塩**…小さじ1/2
- **しょうゆ**…大さじ1
- **好みでごま油**…少々

作り方

1. ふたつきのフライパンに図のように材料を重ねて、干ししいたけの戻し汁を含む水を加えたらふたをして約1分半中火にかける。
2. 湯気が出たら弱火で約3分煮る。野菜がやわらかくなったら春雨、ニラ、塩、しょうゆを加えて味を調える。好みでごま油を加えて混ぜる。

しょうがは抜いて作り、9ヶ月以降は半量以下の調味料で薄く味つけしてからやわらかく煮た春雨、にんじん、玉ねぎを取り分けてスプーンで切り分けます。12ヶ月以降は半量の調味料で味つけします。

五目春雨アレンジ

焼き春巻き

12ヶ月～ 約4分 お弁当

材料（作りやすい分量）

- **春巻きの皮**…1袋（小10枚）
- **五目春雨（上段参照）**…適量
- **小麦粉**…適量
  ▶ のり状になるよう水で溶く
- **なたね油**…大さじ3
- **あれば青じそ**…2～3枚

作り方

1. 春巻きの皮に五目春雨を包み、巻き終わりを水で溶いた小麦粉で留める。
2. フライパンになたね油をひき、**1**の両面をこんがりと焼く。皿に盛り、あれば青じそを添える。

Point

春巻きは揚げる前の状態で冷凍保存（約2週間）も可能。多めに作っておいても便利です。

・アレンジPoint・

み そとかつお節も重ねて煮ることで、旨みがアップします。なすの下に好みのきのこを重ねてもOKです。

なすとピーマンのみそ炒め

9ヶ月〜　約7分　お弁当

夏野菜に厚揚げを合わせて、食べ応えのあるおかずに。
煮る際に梅酢を少量加えた水を入れることで、なすの色落ちを抑えます。

材料（大人2人+幼児1人）

かつお節…3g
みそ…大さじ2
厚揚げ…1/2枚 ▶ 薄い角切り
ピーマン…2個 ▶ ひと口大
なす…3本 ▶ ひと口大

＋

水…1/2カップ
▶ 梅酢小さじ1/3を合わせる
しょうゆ…大さじ1/2〜1
みりん…大さじ2
好みでごま油…小さじ1

作り方

1. ふたつきフライパンに図のように材料を重ねて、梅酢を加えた水を加えたらふたをして約1分半中火にかける。
2. 湯気が出たら弱火にし、約4分半煮る。なすが8割がたやわらかくなったら、しょうゆ、みりんを加える。
3. 好みでごま油を加え、全体をざっと混ぜる。

→

Baby!
取り分け離乳食

【9〜11ヶ月】

火が通ったら半量以下の調味料で味つけしてなすと厚揚げを取り分け、スプーンでつぶしてあげます。

【12ヶ月〜1歳半】

半量の調味料で味つけしてやわらかく煮た野菜と厚揚げを取り分けます。ごま油はなくても。

・アレンジPoint・

教室の生徒さんにもファンが多い炒り豆腐。かつお節の代わりにちりめんじゃこや桜えびを使ってもおいしくできます。

重ね煮炒り豆腐

9ヶ月〜　約6分　お弁当

干ししいたけやひじき、かつお節などを加えることで、
からだにやさしい自然なだしが取れます。根菜で食べ応えも十分です。

材料（作りやすい分量）

かつお節…3g
木綿豆腐…1丁 ▶ 水切り
▶ 手で大きくほぐす
ごぼう…30g ▶ ささがき
にんじん…20g ▶ 細切り
玉ねぎ…1/2個 ▶ 粗みじん切り
干ししいたけ…2枚 ▶ 水で戻す
▶ 細切り（戻し汁は取っておく）
乾燥ひじき…3g ▶ 水で戻す
▶ 短く切る（戻し汁は取っておく）

＋

水…1/3カップ
※干ししいたけとひじきの戻し汁を含む
塩…小さじ1/2弱
しょうゆ…大さじ1と1/2
好みでごま油…適量
小ねぎ…2本 ▶ 小口切り

作り方

1. ふたつきフライパンに図のように材料を重ねて、干ししいたけとひじきの戻し汁を含む水を加えたらふたをして約2分中火にかける。
2. 湯気が出たら弱火にし、約4分煮る。野菜が8割がた煮えたら、塩、しょうゆを加えて味を調える。
3. 強火にして汁気を飛ばしたら、火を止める。好みでごま油を加えて全体をざっと混ぜる。
4. 器に盛り、小ねぎを散らす。

Baby! 取り分け離乳食

【9〜11ヶ月】

半量以下の調味料で味つけし、やわらかく煮たら豆腐と野菜を取り分けます。

【12ヶ月〜1歳半】

半量の調味料で味つけし、やわらかく煮たら豆腐と野菜を取り分けます。

・アレンジPoint・

パン粉をきつね色に乾煎りして衣にしたり、焼きのりをちぎって衣にしてもおいしいです。

揚げないコロッケ

7ヶ月〜　約13分　お弁当

揚げない代わりに青のりととろろ昆布を衣にして、ミネラルをアップ。
見た目もかわいらしく、お弁当にもおすすめのおかずです。

材料（大人２人＋幼児１人）

にんじん…20g ▶ みじん切り
玉ねぎ…1/2個 ▶ みじん切り
じゃがいも…中3～4個(約300g) ▶ ひと口大

＋

水…1/3カップ
塩…小さじ1/2
青のり、とろろ昆布…適量

作り方

1. 鍋に図のように材料を重ねて、分量内の塩小さじ1/4と分量の水を合わせて加えたらふたをして約1分中火にかける。
2. 湯気が出たら弱火にし、約12分煮る。じゃがいもがやわらかくなったらマッシャーでつぶし、残りの塩で味を調える。
3. 好きな形に丸めて、それぞれ青のり、とろろ昆布をまぶす。

Baby! 取り分け離乳食

【7～8ヶ月】

2で残りの塩を加える前に取り分けてお湯でクリーム状にのばします。

【9～11ヶ月】

残りの塩を加える前に取り出し、小さく丸めて青のりやとろろ昆布をまぶします。

【12ヶ月～1歳半】

半量の塩で薄く味つけして、小さく丸めて青のりやとろろ昆布をまぶします。

重ね煮でできる!

コロッケアレンジバリエーション

基本のポテトコロッケを子どもが大好きな味にアレンジ。レパートリーを増やしたい方にも。

基本のポテトコロッケ

7ヶ月〜　約16分　お弁当

材料（作りやすい分量）

- **にんじん**…20g ▶ みじん切り
- **玉ねぎ**…1/2個 ▶ みじん切り
- **じゃがいも**…中3～4個（約300g）▶ ひと口大

＋

- **水**…1/3カップ
- **塩**…小さじ1/2
- **小麦粉**…適量 ▶ 水適量で溶く
- **パン粉**…適量
- **あればパセリ**…適量
- **揚げ油**…適量

作り方

1. 鍋に図のように材料を重ねて、分量内の塩小さじ1/4と分量の水を合わせて加えたらふたをして約1分中火にかける。湯気が出たら弱火にし、約12分煮る。
2. じゃがいもがやわらかくなったらマッシャーでつぶし、残りの塩で味を調える。
3. 好きな形に丸めたら、水溶き小麦粉、パン粉の順に衣をつけ、180℃の油で揚げる。皿に盛り、あればパセリを添える。

7ヶ月以降は揚げないコロッケ（P.48）と同様。9ヶ月以降は半量以下の調味料で味つけして小さく丸めます。12ヶ月以降は半量の調味料で味つけして成形し、油で揚げます。

コロッケアレンジ

かぼちゃコロッケ

7ヶ月〜　約16分　お弁当

材料（作りやすい分量）

- **にんじん**…20g ▶ みじん切り
- **玉ねぎ**…1/2個 ▶ みじん切り
- **かぼちゃ**…200g ▶ ひと口大
- **じゃがいも**…1個 ▶ ひと口大

＋

- **水**…1/3カップ
- **塩**…小さじ1/2
- **小麦粉**…適量 ▶ 水適量で溶く
- **パン粉**…適量
- **揚げ油**…適量

作り方

1. 鍋に図のように材料を重ねて、分量内の塩小さじ1/4と分量内の水を合わせて加えたらふたをして約1分中火にかける。
2. 湯気が出たら弱火にし、約12分煮る。じゃがいもがやわらかく煮えたらマッシャーでつぶし、残りの塩で味を調える。
3. 好きな形に丸めたら、水溶き小麦粉、パン粉の順に衣をつけ、180℃の油で揚げる。

鮭コロッケ

9ヶ月〜　約16分　お弁当

材料（作りやすい分量）

- **塩鮭**…1/2切れ ▶ 表面を焼く
- **にんじん**…20g ▶ みじん切り
- **玉ねぎ**…1/2個 ▶ みじん切り
- **じゃがいも**…中3～4個（約300g）▶ ひと口大

＋

- **水**…1/2カップ
- **塩**…小さじ1/2弱
- **小麦粉**…適量 ▶ 水適量で溶く
- **パン粉**…適量
- **揚げ油**…適量

作り方

1. 鍋に図のように材料を重ねて、分量内の塩小さじ1/4と分量の水を合わせて加えたらふたをして約1分中火にかける。
2. 湯気が出たら弱火にし、約12分煮る。じゃがいもがやわらかくなったら鮭をほぐしながらマッシャーでつぶし、残りの塩で味を調える。
3. 好きな形に丸めたら、水溶き小麦粉、パン粉の順に衣をつけ、180℃の油で揚げる。

COLUMN <2>

田島先生の重ね煮ヒストリー

ここでは、田島先生の重ね煮との出合いのきっかけや、重ね煮生活を始めたことにより、もたらされた心とからだの変化を紹介します。

今では教室の生徒さんにお話をしても驚かれるのですが、私は学生時代、料理が苦手でした。当時は菓子パンやチョコレートなど、重ね煮おかずのおいしさを知った今では考えられないものばかりを好んで、好きなだけ食べていました。

重ね煮に出合ったころ。長男3歳。

結婚後は学生時代から続く生理不順もあってなかなか子どもを授からず、程なくして不妊治療を開始。約2年半の治療の末、27歳のときに長男を出産しました。そんな長男が1歳になったある日、長男の内ももやひざなど、からだ中が乾燥して赤みが広がっていることに気づきました。慌てて病院に駆け込んだところ、アトピー性皮膚炎を発症していることが判明。立て続けに今度は気管支喘息の診断がくだりました。

ステロイドなどによる治療を続けないとならないので、このころは薬に頼るしかない日々。週1回は大きな病院の待合室にいるような病院通いは、長男が3歳になるまで続いたのです。また、私は産後、自然には生理が戻らず、5年程、毎日薬を飲んでホルモンバランスを調整し、不妊治療を再開していました。しかし、流産を経験したことで不妊治療を終えることにしました。

そんなときに、息子の幼稚園でアトピーの子どもを持つママが通う料理教室の情報を耳にしました。それが私の重ね煮との出合いです❶。砂糖も油も使わない初めて知る調理法に目からうろこ。材料を切って重ねるだけなので調理は簡単、しかもだしを使っていないのに、時間をかけて作るおかずよりもずっとおいしい。

それはとても衝撃的で「こんなに簡単なのに、どうしてこんなにおいしいのだろう」と私の心を大きく動かしました。それ以来、すっかり重ね煮にはまった私は今まで苦手だった料理がぐっと楽しくなり、食べることも作ることも大好きに。

現在の息子たち。重ね煮に出合ってから健康そのものです。

重ね煮を続けていると、喘息が起きやすい季節になっても長男が全く咳き込まないことに気づきました。初めて「食べ物で人のからだは変わるのだ」と実感した瞬間です。

しかも、重ね煮を始めて3年がたったころ、薬に頼らずに自然と私の生理が戻ってきたのです。間もなくして次男を自然妊娠しました。

次男の出産をきっかけに、重ね煮のよさをもっと広めたいと思い、自宅で、料理教室「重ね煮アカデミー」を開くことに。

重ね煮を知ってから、旬の野菜を調べることやそれを使って調理することの楽しさ、また何よりそれを喜んで食べてくれる夫と息子たちの嬉しそうな顔を見るのが私の楽しみになりました。

重ね煮で授かった次男は、幼少期から現在まで健康そのもの❷。重ね煮に出合ってから私の人生は変わったと言っても過言ではありません。今年、長男は21歳、次男は15歳になります❸。

「食べてはいけないもの」が注目されやすい現代ですが、あのころの私がそうだったように、今、子どもの食や病院通いに悩むお母さんがいたら、重ね煮を試してみて欲しいです。「なーんだ！　こんなに簡単でよかったんだ」と肩の力を抜いてもらえたら嬉しく思います。

夫、息子たちと。重ね煮に出合ってから毎日の料理もラクに。

PART 2

栄養バランスを整える
重ね煮サブ

献立のバランスを整えるのに欠かせないサブのおかずも、
重ね煮なら短時間であっという間にできます。
野菜が苦手な子でも、たっぷり野菜を
食べやすいのも嬉しいポイント。
あと一品プラスしたいときにもお役立ちです。

基本の煮物料理

時間がかかる煮物も重ね煮なら
あっという間に完成。乾物の戻し汁を使って
煮込むことでまろやかな味わいになります。

Mama & Papa

Kids

【1歳半～5歳】

1歳半以降は大人と同じ
味つけで食べられます。

根菜のきんぴら

根菜をたっぷり使ったきんぴらにひじきを加えてミネラルをプラス。
煮物は調味料を２回に分け入れることで短時間で味が染みやすくなります。

9ヶ月〜　約7分　お弁当

材料はこのくらい！

a

b

材料（大人２人＋幼児１人）

れんこん…60g ▶ 薄いいちょう切り
ごぼう…１本 ▶ ささがき
にんじん…60g1/3本
▶ 半月切り
乾燥ひじき…3g ▶ 水で戻す
（戻し汁は取っておく）

＋

水…1/3カップ
※ひじきの戻し汁を含む
しょうゆ…大さじ１と1/2
みりん…大さじ１
好みでごま油…適量
好みで白ごま…適量
▶ 乾煎りし指先でひねる

作り方

1. ふたつきフライパンに図のように材料を重ねて（a）、ひじきの戻し汁を含む水を加えたらふたをして約1分中火にかける。
2. 湯気が出たら弱火にし、約5分煮る。
3. 野菜に8割がた火が通ったら鍋肌からしょうゆ、みりんを2回に分け入れて味を調え、汁気を飛ばしながら炒る（b）。
4. 好みでごま油を回しかけ、白ごまを飾る。

Baby!
取り分け離乳食

【9〜11ヶ月】

半量以下の調味料で味つけしたら取り分けて細かく刻みます。根菜が食べづらそうなときは、9〜11ヶ月ごろのおかゆ（P.87）に混ぜても。

【12ヶ月〜1歳半】

やわらかく煮たら半量の調味料で味つけして取り分けます。ごま油はなくてもOK。

・Point・

定番のきんぴらも油で炒めず、重ね煮で丸い味わいに。白ごまは乾煎りしてから指先でひねると風味が豊かに感じられます。

重ね煮卯の花

9ヶ月〜　約10分　お弁当

**おからには食物繊維がたっぷり。干ししいたけの煮汁と
野菜の旨みをたっぷり吸ったおからは、ほっこりやさしい味です。**

材料（大人２人+幼児１人）

油揚げ…１枚 ▶ せん切り
ごぼう…1/2本 ▶ ささがき
にんじん…50g ▶ 短冊切り
長ねぎ…１本
▶ 白い部分は粗みじん切り、
青い部分は小口切り
干ししいたけ…３枚 ▶ 水で戻す
▶ 細切り（戻し汁は取っておく）
こんにゃく…50g ▶ 短冊切り

＋

水…１カップ
※干ししいたけの戻し汁を含む
しょうゆ…大さじ３
みりん…大さじ３
おから…200g
好みでごま油…適量

作り方

1. 鍋に図のように材料を重ねて（長ねぎの青い部分を除く）、干ししいたけの戻し汁を含む水を加えたらふたをして約2分中火にかける。
2. 湯気が出たら弱火にし、約5分半煮て野菜に8割がた火が通ったら鍋肌からしょうゆ、みりんを2回に分け入れて煮含める。
3. おからを加えて中火で汁気を飛ばしながら十分に炒る。
4. 長ねぎの青い部分を加えて軽く混ぜ、好みでごま油を回し入れる。

Baby!

取り分け離乳食

9〜11ヶ月

半量以下の調味料で薄めに味をつけて具を小さく切ってあげてください。野菜の旨みが出ているのでしっかり味つけをしなくても大丈夫です。

12ヶ月〜1歳半

やわらかく煮たら半量の調味料で味つけしておからを加えて炒り、取り分けます。ごま油はなくてもOK。

ひじきと根菜の煮物

9ヶ月〜　約7分半　お弁当

海のミネラルがいっぱいのひじきは、戻し汁と一緒に煮ることで
だしや砂糖がなくてもおいしく仕上がります。

材料（大人2人+幼児1人）

油揚げ…1/2枚 ▶ せん切り
れんこん…30g ▶ 輪切り
ごぼう…20g ▶ ささがき
にんじん…20g ▶ 短冊切り
乾燥ひじき…15g ▶ 水で戻す
（戻し汁は取っておく）
こんにゃく…50g ▶ 塩ゆで ▶ 短冊切り

＋

水…1/2カップ
※ひじきの戻し汁を含む
しょうゆ…大さじ2
みりん…大さじ2

作り方

1. 鍋に図のように材料を重ねて、ひじきの戻し汁を含む水を加えたらふたをして約1分半中火にかける。
2. 湯気が出たら弱火にし、約5分煮て鍋肌からしょうゆ、みりんを2回に分け入れ、混ぜながら汁気が少なくなるまで煮含める。

Baby!
取り分け離乳食

【9〜11ヶ月】
半量以下の調味料を加えてから取り分けて、細かく刻んで9〜11ヶ月ごろのおかゆ（P.87）に混ぜて一緒にいただきます。

【12ヶ月〜1歳半】
やわらかく煮たら半量の調味料で味つけします。

じゃがいもとえんどう豆のカレー煮

7ヶ月〜　約13分　お弁当

ほんのり甘いえんどう豆とホクホクしたじゃがいもは
赤ちゃんも食べやすい組み合わせ。春のお弁当にもおすすめです。

材料（大人２人＋幼児１人）

にんじん…60g ▶ あられ切り
玉ねぎ…1/2個 ▶ あられ切り
えんどう豆（または缶詰の豆）
…正味80g
じゃがいも（できれば新じゃが）
…2個 ▶ さいの目切り

＋

水…1/2カップ
塩…小さじ1/3
カレー粉…小さじ1/2
トマトケチャップ…大さじ1

作り方

1. 鍋に図のように材料を重ねて、分量の水を加えたらふたをして約3分中火にかける。
2. 湯気が出たら弱火にして約8分煮る。
3. 野菜に8割がた火が入ったら塩、カレー粉、トマトケチャップを合わせて加え、汁気が少なくなるまで煮含める。

→

Baby!
取り分け離乳食

【7〜8ヶ月】

味つけ前に取り分け、じゃがいも、にんじん、えんどう豆をつぶしながら汁と一緒にあげてください。

【9〜11ヶ月】

半量以下の塩のみで薄く味つけしてからやわらかく煮えた野菜を取り分けます。

【12ヶ月〜1歳半】

半量の調味料で薄く味つけしてからやわらかく煮えた野菜を取り分けます。

ピーマンのきんぴら

12ヶ月〜 約4分 お弁当

材料（大人2人+幼児1人）

ちりめんじゃこ…大さじ1
ごぼう…20g ▶ ささがき
ピーマン（赤・緑）…計5個 ▶ 細切り

＋

水…1/4カップ
しょうゆ…大さじ1と1/2
みりん…大さじ1
ごま油…大さじ1

作り方

1. ふたつきフライパンに図のように材料を重ねて、分量の水を加えたらふたをして約1分半中火にかける。
2. 湯気が出たら弱火で約2分煮て鍋肌からしょうゆ、みりんを加えて混ぜ、汁気を飛ばす。
3. 汁気がなくなったらごま油を回しかける。

12ヶ月以降は薄く味つけし、やわらかく煮ます。ごま油はなくてもOK。

Point

きんぴら＝炒めるではありません。蒸し煮してから最後に香りづけにごま油をひと回しするとコクと風味が増します。

切り干し大根の煮物

9ヶ月〜 約15分 お弁当

材料（作りやすい分量）

油揚げ…1枚 ▶ 細切り
にんじん…50g ▶ 細切り
切り干し大根…50g ▶ 水で戻す（戻し汁は取っておく）
干ししいたけ…3枚 ▶ 水で戻す ▶ 細切り（戻し汁は取っておく）
糸こんにゃく…100g ▶ 食べやすい長さに切る

＋

水…1と1/2カップ
※切り干し大根と干ししいたけの戻し汁を含む
しょうゆ…大さじ2

作り方

1. 鍋に図のように材料を重ねて、切り干し大根と干ししいたけの戻し汁を含む水を加えたらふたをして約3分中火にかける。
2. 沸騰したら弱火にし、約9分煮る。
3. 野菜が8割がたやわらかくなったら鍋肌からしょうゆを2回に分け入れ、味を調えて煮含める。

9ヶ月以降はやわらかく煮たら半量以下の調味料で味つけし、取り分けます。12ヶ月以降は半量の調味料で味つけし、取り分けます。

さつまいもと昆布の煮物

材料（作りやすい分量）

さつまいも…1本
▶ 厚めの輪切り
刻み昆布…7g
▶ 水で軽く戻す

＋

水…1/2カップ
しょうゆ…大さじ1弱

作り方

1. 鍋に図のように材料を重ねて、分量の水を加えたらふたをして約2分中火にかける。
2. 湯気が出たら弱火にし、7～8分煮る。さつまいもがやわらかくなったら、鍋肌からしょうゆを加えて煮含め、全体を混ぜる。

7～8ヶ月は味つけ前にさつまいものみを取り出してつぶし、お湯でのばします。9ヶ月以降は半量以下、12ヶ月以降は半量の調味料で味つけして取り分けます。

季節野菜の蒸し煮

材料（大人2人＋幼児1人）

にんじん…30g ▶ 薄い半月切り
じゃがいも…1個 ▶ 短冊切り
ブロッコリー…100g
▶ 小房に分ける
キャベツ…1枚 ▶ 色紙切り

＋

水…1/3カップ
塩…ひとつまみと小さじ1/3
しょうゆ…小さじ1

作り方

1. ふたつきフライパンに図のように材料を重ねて、分量の水を加えたら上にひとつまみの塩をふり、ふたをして中火で約2分蒸し煮する。
2. 野菜に火が通ったら塩小さじ1/3、しょうゆを合わせたものを加える。汁気を飛ばしたら、水を張ったボウルに鍋ごと浸けて冷ます。

7ヶ月以降は味つけ前に野菜を取り分けてつぶし、お湯でのばします。9ヶ月以降は半量以下の調味料で薄く味つけしてから野菜を取り分け、スプーンでつぶします。12ヶ月以降はやわらかく煮えた野菜を取り分け、半量の調味料から徐々に大人と同じ味つけに近づけます。

・アレンジPoint・

写真は春野菜ですが夏ならかぼちゃやズッキーニ、秋冬ならさつまいも、きのこ類などもおすすめです。

みそ田楽

蒸し煮にした野菜がそれぞれの素材の旨みと甘みを引き立て合います。
みそだれには野菜の煮汁を使い、自然な甘みをプラスしています。

材料（大人２人+幼児１人）

厚揚げ…1/2枚 ▶ 角切り
にんじん…60g ▶ 1cm厚さの輪切り
里いも…3個 ▶ 1cm厚さの輪切り
※皮が厚い場合は薄くむく
大根…180g ▶ 1cm厚さの輪切り
白菜…2枚 ▶ 大きめのざく切り
こんにゃく…70g
▶ 厚さを半分にし三角に切る

＋

水…3/4カップ
ブロッコリー…60g ▶ 小房に分ける
【みそだれ】
野菜の煮汁…大さじ1
練りごま…小さじ2
みそ…50g
みりん…大さじ2

作り方

1. 鍋に図のように材料を重ねて、分量の水を加えたらふたをして約3分中火にかける。
2. 湯気が出たら弱火にし、約10分煮る。
3. 野菜がやわらかくなったらブロッコリーを鍋肌から加えてふたをし、中火で約2分蒸し煮する。
4. 小鍋に**3**の煮汁大さじ1とみそだれの残りの調味料を合わせて入れ、混ぜながら中火に1～2分かけてみそだれを作る。
5. 器に**3**を盛り、**4**をかける。

Baby!
取り分け離乳食

【7～8ヶ月】
野菜が煮えたらこんにゃく、厚揚げを避けて野菜と汁を一緒に取り分けてスプーンでつぶします。

【9～11ヶ月】
こんにゃく、厚揚げ以外の野菜を取り分け、食べやすい大きさに切ってあげます。みそだれはごく少量にします。

【12ヶ月～1歳半】
やわらかく煮えた具材に少量のみそだれを添えます。

基本のサラダ

野菜が持つ甘みを引き出したサラダや、
酢を使ってさっぱりと仕上げたサラダを集めました。
ドレッシングなしでもおいしく食べられます。

Mama & Papa

Kids

【1歳半～5歳】

大人と同じ味つけのものを皿に盛ります。にんじんやじゃがいもを細かくしているので、子どもも自分ひとりで食べやすいです。

マヨなしポテトサラダ

ひと鍋で作れる重ね煮のポテトサラダ。マヨネーズの代わりにりんご酢を使い、さっぱりと仕上げています。卵アレルギーの子どもも安心です。

7ヶ月～　約14分　お弁当

材料はこのくらい！

材料（作りやすい分量）

にんじん…20g ▶ みじん切り
玉ねぎ…3/4個 ▶ みじん切り
じゃがいも…3個 ▶ ひと口大

＋

水…1/3カップ
塩…小さじ1/2
りんご酢…大さじ1～1と1/2
きゅうり…1本
▶ 輪切り ▶ 梅酢適量でもむ
玉ねぎ…1/4個
▶ 薄切り ▶ 梅酢適量でもむ

a

b

作り方

1. 鍋に図のように材料を重ねて(a)、水と分量内の塩小さじ1/4を合わせて加えたらふたをして約3分強めの中火にかける。
2. 湯気が出たら弱火にし、約10分煮る。じゃがいもがやわらかくなったら、ふたを取って水気を飛ばし、弱火にかけながらマッシュする(b)。
3. 味を見て足りなければ残りの塩で味を調え、りんご酢を加えて粗熱を取る。
4. 梅酢でもんだきゅうりと玉ねぎの汁気を軽く絞って混ぜる。

Baby!
取り分け離乳食

【7～8ヶ月】
3で残りの塩を加える前に取り分け、お湯でクリーム状にのばします。

【9～11ヶ月】
薄く味つけしてから取り分けます。

【12ヶ月～1歳半】
薄めに味つけし、徐々に大人と同じ味つけに近づけます。

・アレンジPoint・

じゃがいもの代わりにかぼちゃで作ってもおいしくできます。その場合は、りんご酢の代わりに柑橘の果汁を加えてもおいしいです。

ひじきとパプリカの梅サラダ

12ヶ月〜　約1分　お弁当

ひじきに梅を合わせることで、さわやかな夏のサラダとして楽しめます。パプリカのシャキシャキした食感がアクセントです。

材料（大人２人+幼児１人）

梅干し…１個 ▶ 軽く叩く
パプリカ（赤）…30g ▶ 細切り
米ひじき…8g ▶ 水で戻す

＋

水…1/3カップ
塩…ひとつまみ
ズッキーニ…1/2本 ▶ 薄いいちょう切り
米酢…大さじ1
しょうゆ…小さじ2
はちみつ…小さじ1
好みでオリーブ油…適量

作り方

1. 鍋に図のように材料を重ねて、分量の水を加えたら上に塩ひとつまみをふり、ふたをして中火で約1分煮て、軽く火を通す。
2. 火からおろしてズッキーニを加え、米酢、しょうゆ、はちみつを合わせたものと和える。
3. 好みでオリーブ油を回しかける。

※はちみつの使用は
１歳未満の赤ちゃんには避けましょう。

Baby!

取り分け離乳食

【12ヶ月〜1歳半】

ズッキーニを加えたら、大人の半量の調味料で味つけしてあげてください。

切り干し大根のハリハリサラダ

材料（大人2人+幼児1人）

にんじん…20g ▶ 細切り
玉ねぎ…1/5個 ▶ 薄切り
切り干し大根…30g
▶ 水で戻す
（戻し汁は取っておく）
刻み昆布…3g ▶ 水で軽く戻す

＋

水…3/4カップ
※切り干し大根の戻し汁を含む
しょうゆ…大さじ1と1/2
米酢…大さじ1
きゅうり…1本 ▶ 細切り
▶ 梅酢適量でもむ

作り方

1. 鍋に図のように材料を重ねて、切り干し大根の戻し汁を含む水を加えたらふたをして約2分中火にかける。
2. さっと硬めに火を通したらしょうゆ、米酢を加えて混ぜ合わせて火からおろす。
3. 粗熱が取れたら、軽く汁気を絞ったきゅうりを加えて混ぜる。

12ヶ月以降は火が通ったら大人の半量のしょうゆと酢で和え、食べやすく切ります。

いかときゅうりの青じそマリネ

材料（大人2人+幼児1人）

いか…1杯 ▶ 輪切り、
ゲソは1cm長さ
玉ねぎ…1/4個 ▶ 薄切り
米ひじき…ひとつまみ
▶ 水で軽く戻す

＋

水…大さじ3
塩…ひとつまみ
きゅうり…1本
▶ せん切り
▶ 梅酢適量でもむ
セロリ…50g
▶ せん切り ▶ 梅酢適量でもむ
米酢…大さじ1
梅酢（P.115）…小さじ1
好みでオリーブ油…適量
青じそ…5枚 ▶ 刻む

作り方

1. 鍋に図のように材料を重ねて、分量の水を加えたら上に塩ひとつまみをふり、中火で約1分半蒸し煮して、水を張ったボウルに鍋ごと浸けて冷ます。
2. 1の水気を絞り、軽く汁気を絞ったきゅうりとセロリ、米酢、梅酢と合わせる。
3. 味を見て好みでオリーブ油を回しかけ、青じそを飾る。

12ヶ月以降は大人の半量の調味料で味つけします。いかが食べづらい場合は細かく切りましょう。

・アレンジPoint・

重ねて蒸し煮した野菜の香りと甘みがぎゅっと詰まっています。きのこやミニトマト、かぶなど季節の野菜で楽しんで。

かぼちゃとズッキーニの蒸し煮サラダ

夏野菜の素材の甘みをそのまま味わうサラダです。
蒸し煮にすることでかぼちゃも短時間でやわらかく煮えます。

材料（大人２人＋幼児１人）

かぼちゃ…80g ▶ 薄切り
ズッキーニ…1/2本 ▶ 輪切り
パプリカ（赤・黄）…各1/2個
▶ 色紙切り

＋

水…1/3カップ
塩…ひとつまみと小さじ1/2
オリーブ油…大さじ1
好みでこしょう…少々

作り方

1. ふたつきフライパンに図のように材料を重ねて、分量の水と分量内の塩ひとつまみを加えたらふたをして約2分中火で蒸し煮する。
2. よい香りがしてきたら少し火を弱めて約3分煮る。かぼちゃが8割がた煮えたら、火を強めて塩小さじ1/2、オリーブ油、好みでこしょうを加えて汁気を飛ばしながら十分に炒る。

Baby!

取り分け離乳食

【7～8ヶ月】

味つけ前に火が通ったかぼちゃを取り分け、つぶしてお湯でのばします。

【9～11ヶ月】

やわらかく煮たら少なめの塩で味つけし、ズッキーニとかぼちゃを取り分けてスプーンでつぶします。パプリカが食べづらいときは小さく切ります。

【12ヶ月～1歳半】

やわらかく煮たら少なめの塩で味つけし、野菜を取り分けます。パプリカが食べづらいときは小さく切ります。

にんじんと玉ねぎのレーズンサラダ

レーズンの甘みが加わり、にんじんが苦手な子も食べやすいサラダです。
梅酢と柑橘果汁で煮ることで色鮮やかに、かつまろやかな味わいになります。

材料（作りやすい分量）

にんじん…80g ▶ せん切り
玉ねぎ…1/5個 ▶ 薄切り
レーズン…大さじ1
柑橘の皮…適量
▶ 薄く削ぎせん切り

＋

柑橘果汁…大さじ1
りんご酢…大さじ1
梅酢…小さじ1
好みでオリーブ油…適量
好みでこしょう…少々

作り方

1. 鍋に図のように材料を重ねて、柑橘果汁、りんご酢、梅酢を合わせたものを回し入れたらふたをして中火で約1分蒸し煮する。
2. 湯気が出たら少し火を弱めて約1分煮る。にんじんの色がうっすら透き通ったら、水を張ったボウルに鍋ごと浸けて冷ます。好みでオリーブ油を回し入れ、こしょうをする。

Baby!
取り分け離乳食

【12ヶ月〜1歳半】
大人の半量の調味料で味つけしていただきます。やわらかく煮えているので小さな子どもでも食べやすいです。こしょうはなくてもOK。

基本の和え物

献立のバランスを整える和え物、煮浸し、酢の物を紹介します。繊維質の多い野菜は細かく刻んであげると食べやすくなります。

【1歳半〜5歳】

食材をやわらかく煮ているので、大人のおかずを取り分けるだけでそのまま食べられます。

切り干し大根と小松菜のごましょうゆ和え

苦手な子も多い青菜は切り干し大根やにんじんと合わせて重ね煮にすると、特有の青臭さや苦みもなくなり食べやすくなります。

7ヶ月~ 約1分半 お弁当

材料はこのくらい！

a

b

材料（大人2人+幼児1人）

にんじん…40g ▶ 細切り
切り干し大根…10g ▶ 水で戻す
（戻し汁は取っておく）
小松菜…1/2束 ▶ 3cm長さ

＋

水…1/3カップ
※切り干し大根の戻し汁を含む
塩…ひとつまみ
白ごま…大さじ1
しょうゆ…大さじ1弱

作り方

1. 薄手の鍋に図のように材料を重ねて（a）、切り干し大根の戻し汁を含む水と塩ひとつまみを加えたら（b）ふたをして約1分半中火にかける。
2. 湯気が出てひと呼吸したらふたを取り、全体をざっと混ぜて火からおろし、水を張ったボウルに鍋ごと浸けて冷ます。
3. 白ごまを煎ってすり鉢でよくすり、しょうゆと合わせ、軽く水気を絞った**2**と和える。

Baby!
取り分け離乳食

【7~8ヶ月】
味つけする前に取り出して小さく切るかスプーンでつぶします。

【9~11ヶ月】
半量以下の調味料で薄く味つけしてから、やわらかく煮た野菜を取り分け、スプーンでつぶします。

【12ヶ月~1歳半】
大人の半量の調味料で味つけして、小さく切ります。

・アレンジPoint・

切り干し大根の食感がアクセントになる一品。小松菜はほうれん草に代えてもおいしくいただけます。

青菜ののり和え

9ヶ月～　約2分　お弁当

材料（大人2人+幼児1人）

春菊…100g ▶ 3cm長さ
ほうれん草…100g
▶ 3cm長さ

＋

水…1/3カップ
塩…ひとつまみ
焼きのり…1枚
▶ 手でちぎる
しょうゆ…大さじ1弱

作り方

1. 鍋に図のように材料を重ねて、分量の水を加えたら上に塩ひとつまみをふり、ふたをして約1分半中火にかける。湯気が出たらふたを開けて全体をざっと混ぜて火を止め、水を張ったボウルに鍋ごと浸けて冷ます。
2. 粗熱が取れたら、軽く水気を絞った1、焼きのり、しょうゆを加えて和える。

やわらかく煮た青菜を小さく切り、のりと和えます。1歳半までは薄めに味つけます。

・アレンジPoint・

青菜は2種類合わせることでお互いの食感、香りを引き立て合いおいしくなります。ほうれん草と小松菜、春菊、せりなども組み合わせてみてください。

かぼちゃとさやいんげんのごまみそ和え

7ヶ月～　約3分　お弁当

材料（大人2人+幼児1人）

かぼちゃ…150g
▶ ひと口大の薄切り
さやいんげん…80g
▶ 3cm長さに切る

＋

水…1/3カップ
塩…ひとつまみ
【和え衣】
練りごま…小さじ2
みそ…小さじ2
しょうゆ…小さじ2

作り方

1. 鍋に図のように材料を重ねて、分量の水を加えたら上に塩ひとつまみをふり、ふたをして約2分中火にかける。
2. 湯気が出たら少し弱火で約1分煮てかぼちゃがやわらかくなったら火からおろし、水を張ったボウルに鍋ごと浸けて冷ます。
3. 食べる直前に和え衣の調味料と2を合わせる。

味つけ前にかぼちゃをやわらかく煮て取り分けてつぶし、お湯でのばします。12ヶ月以降は半量の調味料から徐々に大人と同じ味つけに近づけます。

Kids

小松菜の梅おかか和え

9ヶ月〜　約1分強　お弁当

相性のよい梅とかつお節を和え衣にしてさっぱりと食べられる一品です。
梅干しの酸味はお母さんやお父さんの疲労回復にもお役立ち。

材料（大人2人＋幼児1人）

小松菜…150g ▶ 3cm長さ
えのきだけ…50g
▶ 3cm長さに切って手でほぐす

＋

水…1/4カップ
塩…ひとつまみ
【和え衣】
梅干し…1個 ▶ 軽く叩く
かつお節…3g（1袋）
しょうゆ…小さじ1

作り方

1. 鍋に図のように材料を重ねて、分量の水を加えたら、上に塩ひとつまみをふり、ふたをして湯気が出るまで約1分中火にかける。
2. 湯気が出たら少し火を弱めて10秒煮たら火からおろし、水を張ったボウルに鍋ごと浸けて冷ます。
3. 食べる直前に和え衣の材料をすり鉢でよくすり、軽く水気を絞った2と和える。

Baby!

取り分け離乳食

【9〜11ヶ月】
野菜を冷ましたら取り分け、やわらかく煮直してから小さく切ります。味つけしなくてもおいしく食べられますが、少量の和え衣で和えてもOK。

【12ヶ月〜1歳半】
野菜を冷ましたら半量の和え衣で野菜を和えます。

ブロッコリーの白和え

材料（大人2人+幼児1人）

にんじん…30g ▶ 短冊切り
ブロッコリー…180g
▶ 小房に分ける
こんにゃく…30g ▶ 細切り

＋

水…1/4カップ
塩…ひとつまみ
練りごま…小さじ1
白みそ…大さじ2と1/2
木綿豆腐…200g
▶ 水切りする

作り方

1. 鍋に図のように材料を重ねて、分量の水と塩ひとつまみを加えたらふたをして中火で約2分蒸し煮する。ふたを取って全体をざっと混ぜ、水を張ったボウルに鍋ごと浸けて冷ます。

離乳食の場合は豆腐を軽く湯通しします。9ヶ月以降は野菜は小さく切って取り分け、2で薄く味つけした和え衣と和えます。12ヶ月以降は大人の半量の調味料で味つけします。

2. 練りごま、白みそ、水切りした豆腐をすり鉢でよくすり、軽く水気を絞った1と和える。

・アレンジPoint・

白 和えは合わせる野菜で季節の味わいを楽しめます。きのこ、ほうれん草または小松菜や春菊もおすすめです。

ニラともやしの酢じょうゆ和え

材料（作りやすい分量）

にんじん…30g
▶ 短冊切り
ニラ…1束 ▶ 3cm長さ
もやし…1袋
しょうが…1片

＋

水…1/4カップ
塩…ひとつまみ
白ごま…小さじ1
▶ 煎ってよくする
しょうゆ…大さじ2
酢…大さじ1

作り方

1. 鍋に図のように材料を重ねて、分量の水を加えたら塩ひとつまみを上にふり、ふたをして約1分中火にかける。湯気が出たらふたを取って全体をざっと混ぜ、火からおろし、水を張ったボウルに鍋ごと浸けて冷ます。

離乳食はしょうがを抜いて作ります。9ヶ月以降はニラを除き、半量以下の調味料で味つけしてやわらかく煮直し、刻みます。12ヶ月以降は薄くしょうゆで味をつけ、片栗粉でとろみをつけても。

2. 白ごま、しょうゆ、酢を合わせて、軽く水気を絞った1と和える。

かぶの煮浸し

7ヶ月～ 約7分 お弁当

材料（大人2人＋幼児1人）

ちりめんじゃこ…大さじ1
油揚げ…1/2枚 ▶ 短冊切り
かぶ（葉つき）…300g
▶ 実はくし形切り、葉は3cm長さ

＋

水…1/3カップ
しょうゆ…大さじ2

作り方

1. 鍋に図のように材料を重ねて（かぶは実のみ）、分量の水を加えたらふたをして約1分中火にかける。
2. 湯気が出たら弱火にし、約5分煮る。かぶが透き通ったら鍋肌からしょうゆを加えてざっと混ぜて味を調える。
3. 鍋をおろす際にかぶの葉を鍋肌から加えてふたをし、中火で約1分色よく蒸し煮する。

7ヶ月以降は味つけ前にかぶの実だけを煮汁ごと取り分けてつぶします。9ヶ月以降は半量以下の調味料で薄く味つけして取り分け、12ヶ月以降は大人の半量の調味料で味つけします。

小松菜の煮浸し

9ヶ月～ 約6分 お弁当

材料（大人2人＋幼児1人）

ちりめんじゃこ…大さじ1
油揚げ…1/2枚 ▶ 細切り
小松菜…200g ▶ 3cm長さ

＋

水…1/3カップ
しょうゆ…大さじ1
みりん…大さじ1

作り方

1. 鍋に図のように材料を重ねて、分量の水を加えたらふたをして約2分中火にかける。
2. 湯気が出たら弱火にし、約4分煮る。小松菜の色が濃く、やわらかくなったら鍋肌からしょうゆ、みりんを加えてざっと混ぜて味を調える。

9ヶ月以降は半量以下の調味料で味つけして取り分け、小さく切ります。12ヶ月以降は半量の調味料で薄く味つけし、取り分けます。

新玉ねぎとわかめの酢の物

材料（大人2人+幼児1人）

ちりめんじゃこ…大さじ1
新玉ねぎ…1個 ▶ 薄切り
キャベツ…1枚 ▶ ざく切り

＋

水…1/3カップ
塩…ひとつまみ
塩抜きしたわかめ…40g
▶ ざく切り
スプラウト…1/2パック
酢…大さじ1
しょうゆ…大さじ1

作り方

1. 鍋に図のように材料を重ねて、分量の水を加えたら上に塩ひとつまみをふり、ふたをして約1分半中火にかける。
2. 湯気が出たら少し火を弱め、約1分半煮たら、わかめを加えてざっと混ぜる。火からおろし、水を張ったボウルに鍋ごと浸けて冷ます。
3. 軽く水気を絞った**2**、スプラウト、酢、しょうゆを合わせる。

半量の調味料で味つけして取り分けます。普通の玉ねぎだと辛みがあるので、新玉ねぎを使用すると甘みが増します。

重ね煮ピクルス

材料（大人2人+幼児1人）

※はちみつの使用は
1歳未満の赤ちゃんには避けましょう

にんじん…25g ▶ 半月切り
新玉ねぎ…1/2個 ▶ 薄切り
キャベツ…5枚 ▶ ざく切り
パセリ…2本 ▶ 葉を摘む
昆布…3cm四方1枚
▶ 1cm四方に切る

＋

塩…小さじ1/3
梅酢…小さじ1
はちみつ…大さじ1
りんご酢…大さじ4

作り方

1. 鍋に図のように材料を重ねて、塩、梅酢、はちみつ、りんご酢を合わせたものを鍋肌から加えてふたをし、約1分中火にかける。
2. 湯気が出たら少し火を弱め、約2分煮たらざっと混ぜる。火からおろし、水を張ったボウルに鍋ごと浸けて冷ます。

少なめの調味料で具材を煮ます。やわらかく煮たら取り分けてください。

PART 3

忙しいときはこれだけでOK！重ね煮の汁物・ごはん

メニューを考えるのが大変なときや時間がない朝は、
ごはんと具だくさんのみそ汁さえあれば
それだけで立派な献立になります。
栄養バランス満点のごはんとみそ汁は、
忙しいママ・パパの味方です。

基本のみそ汁

野菜のビタミンやアミノ酸など、積極的に摂りたい
栄養がひと皿で摂れる汁物。だしを取らなくても
食材の旨みが調和してまろやかな味わいになります。

【1歳半～5歳】

大人の豚汁をそのまま食べられます。具材を小さめに切ってあげるとより食べやすくなります。飾りのねぎは抜いても。

重ね煮豚汁

根菜をたっぷり使った豚汁も重ね煮ならあっという間に火が通ります。
みそも重ねることで、やさしくまろやかな味に仕上がります。

9ヶ月〜　約13分

材料はこのくらい！

材料（大人2人+幼児1人）

- **みそ**…大さじ2と1/2
- **豚薄切り肉**…80g ▶ 3cm長さ
- **油揚げ**…1/2枚 ▶ 細切り
- **ごぼう**…20g ▶ 斜め薄切り
- **にんじん**…20g ▶ いちょう切り
- **長ねぎ**…1本 ▶ 1cm長さのぶつ切り
- **里いも**…1個 ▶ 角切り
- **大根**…80g ▶ いちょう切り
- **白菜**…60g ▶ ざく切り
- **こんにゃく**…50g ▶ 色紙切り

＋

- **水**…2と1/2〜3カップ
- **好みで長ねぎの青い部分**…適量 ▶ 小口切り

a

b

作り方

1. 鍋に図のように材料を重ねて（a）、ひたひたまで分量内の水を加える。みそまで重ねるのがポイント（b）。ふたをして中火に約3分かける。
2. 湯気が出たら弱火にし、約10分煮る。野菜がやわらかくなったら、残りの水を足して味を調え、数十秒ひと煮立ちさせる。好みで長ねぎの青い部分を散らす。

Baby!
取り分け離乳食

【9〜11ヶ月】

野菜がやわらかくなったら、野菜と汁を取り分けてスプーンでつぶします。お湯でのばして味を薄めます。

【12ヶ月〜1歳半】

野菜がやわらかくなったら野菜と汁を取り分け、お湯でのばして少し薄めの味に調えます。

・アレンジPoint・

基本のみそ汁の作り方です。離乳食後期までの赤ちゃんには、豚肉を抜いてみそ汁としてあげるとよいでしょう。

旬を感じる！

季節の重ね煮みそ汁

旬の食材は栄養価が高く、汁物から手軽に取り入れるのがおすすめ。
季節ごとの旬の食材も参考にアレンジしてみてください。

なすとかぼちゃのみそ汁

重ね煮するとなすのアクも旨みに変化。
夏の疲れたからだを元気にしてくれる１杯です。

材料（作りやすい分量）

- **みそ**…大さじ2と1/2
- **油揚げ**…1/3枚 ▶ 細切り
- **にんじん**…25g ▶ いちょう切り
- **玉ねぎ**…1/3個 ▶ 薄切り
- **かぼちゃ**…100g ▶ 角切り
- **なす**…1本 ▶ 角切り
- **塩抜きしたわかめ**…20g ▶ ざく切り

＋

- **水**…2と1/2カップ
- **青じそ**…3枚 ▶ せん切り

作り方

1. 鍋に図のように材料を重ねて、ひたひたまで分量内の水を加えたらふたをして約3分中火にかける。
2. 湯気が出たら弱火にし、約6分煮て、野菜がやわらかくなったら残りの水を加えて味を調える。
3. 器に注ぎ、青じそを散らす。

7ヶ月以降はやわらかく煮た野菜を少量の汁と一緒に取り分けてつぶし、お湯でのばします。12ヶ月以降は具材によって食べづらいものがあれば小さく切ってください。

夏の旬の食材 トマト、オクラ、ズッキーニ、なす、とうもろこし、さやいんげん、ピーマン など

キャベツとじゃがいもの豆乳汁

豆乳のまろやかなコクとみそがマッチ。
春キャベツを使うと、より甘みが感じられます。

材料（作りやすい分量）

- **みそ**…大さじ2と1/2
- **ちりめんじゃこ**…小さじ2
- **油揚げ**…1/3枚 ▶ 細切り
- **にんじん**…20g ▶ いちょう切り
- **玉ねぎ**…1/2個 ▶ 薄切り
- **じゃがいも**…1個 ▶ ひと口大
- **キャベツ**…1枚 ▶ ざく切り

＋

- **水**…1と1/2〜2カップ
- **豆乳**…1/2カップ
- **好みで小ねぎ**…適量 ▶ 小口切り

作り方

1. 鍋に図のように材料を重ねて、ひたひたまで分量内の水を加えたらふたをして約3分中火にかける。
2. 湯気が出たら弱火にし、約6分煮る。野菜がやわらかくなったら豆乳、残りの水を加えて味を調える。好みで小ねぎを散らす。

7ヶ月以降はやわらかく煮た野菜を少量の汁と一緒に取り分けてつぶし、お湯でのばします。12ヶ月以降は具材によって食べづらいものがあれば小さく切ります。

春の旬の食材 たけのこ、新玉ねぎ、じゃがいも、あさり、えんどう豆、アスパラガス、菜の花 など

根菜と里いものみそ汁

ごぼうなどの根菜が入ったみそ汁はからだを芯から温め、
冬の寒さをのりきる力になります。

材料（作りやすい分量）

- **みそ**…大さじ2と1/2
- **油揚げ**…1/3枚 ▶ 細切り
- **ごぼう**…15g ▶ ささがき
- **にんじん**…25g ▶ いちょう切り
- **里いも**…1個 ▶ 乱切り
- **大根**…80g ▶ いちょう切り
- **白菜**…60g ▶ ざく切り
- **こんにゃく**…45g ▶ 短冊切り

＋

- **水**…2と1/2〜3カップ
- **長ねぎ**…1/2本 ▶ 小口切り

作り方

1. 鍋に図のように材料を重ねて、ひたひたまで分量内の水を加えたらふたをして約3分中火にかける。
2. 湯気が出たら弱火にし、約6分煮て、野菜がやわらかくなったら残りの水を加えて味を調える。長ねぎを加えて数十秒ひと煮立ちさせる。

7ヶ月以降はやわらかく煮た野菜を少量の汁と一緒に取り分けてつぶし、お湯でのばします。12ヶ月以降は具材によって食べづらいものがあれば小さく切ってください。

冬の旬の食材 大根、ほうれん草、れんこん、小松菜、長ねぎ、白菜、カリフラワー など

さつまいもとぶなしめじのみそ汁

秋の味覚を詰め込んだ、ふくよかでほんのり甘いみそ汁。
きのこを足してアレンジしても。

材料（作りやすい分量）

- **みそ**…大さじ2と1/2
- **油揚げ**…1/3枚 ▶ 細切り
- **ごぼう**…20g ▶ ささがき
- **にんじん**…20g ▶ いちょう切り
- **玉ねぎ**…1/4個 ▶ 薄切り
- **さつまいも**…1/4本 ▶ 半月切り
- **ぶなしめじ**…1/2パック ▶ 手でほぐす

＋

- **水**…2と1/2〜3カップ
- **好みで小ねぎ**…適量 ▶ 小口切り

作り方

1. 鍋に図のように材料を重ねて、ひたひたまで分量内の水を加えたらふたをして約3分中火にかける。
2. 湯気が出たら弱火にし、約6分煮て、野菜がやわらかくなったら残りの水を加えて味を調える。好みで小ねぎを散らす。

7ヶ月以降はやわらかく煮た野菜を少量の汁と一緒に取り分けてつぶし、お湯でのばします。12ヶ月以降は具材によって食べづらいものがあれば小さく切ってください。

秋の旬の食材 まいたけ、えのきだけ、なめこ、エリンギ、かぶ、鮭 など

・アレンジPoint・

少し味を濃いめに仕上げてうどんを加えればけんちんうどんとしても楽しめます。

けんちん汁

5ヶ月～

約9分

太陽の恵みからできた乾物、野菜が一緒になり、ふくよかな甘みが出ます。
滋養たっぷりのしみじみおいしい一品です。

材料（大人2人＋幼児1人）

豆腐…200g ▶ 水切り ▶ 大きく手でちぎる
ごぼう…15g ▶ ささがき
にんじん…15g ▶ 半月切り
里いも…1個 ▶ 乱切り
※皮が厚い場合は薄くむく
大根…50g ▶ いちょう切り
干ししいたけ…中2枚 ▶ 水で戻す ▶ 細切り
（戻し汁は取っておく）
だし昆布…4cm四方1枚
こんにゃく…40g ▶ 塩ゆで ▶ 手でちぎる

＋

水…2と1/2～3カップ
※干ししいたけの戻し汁を含む
塩…小さじ1/2
しょうゆ…小さじ1
好みで長ねぎ…適量 ▶ 小口切り

作り方

1. 鍋に図のように材料を重ねて、ひたひたまで分量内の水を加えたらふたをして約3分中火にかける。
2. 湯気が出たら弱火にし、具材がやわらかくなるまで約6分煮る。
3. 残りの水を加えたら、塩、しょうゆを加えて味を調え、数十秒ひと煮立ちさせる。好みで長ねぎを散らす。

調理のポイント

最後に煮立たせることで塩の角が残らず、甘みが増します。鍋のふちに泡が出るくらい対流を起こすのがコツ。

Baby! 取り分け離乳食

【5～6ヶ月】
具材がやわらかく煮えたら、味つけ前に汁の上澄みをすくってあげます。

【7～8ヶ月】
こんにゃく、干ししいたけ、豆腐以外のやわらかく煮た具材を味つけ前に取り分けて食べやすくつぶします。

【9～11ヶ月】
具材がやわらかく煮えたら半量以下の調味料で味つけし、取り分けます。

【12ヶ月～1歳半】
大人と同じものを食べられます。

・アレンジPoint・

カレー粉を少量足して、カレー風味のポトフにしてもおいしくいただけます。

重ね煮ポトフ

5ヶ月～ 約15分

コンソメを使わず、調味料は塩だけで冬野菜の甘みを閉じ込めています。シンプルな味つけなので離乳食にもおすすめです。

材料（大人2人+幼児1人）

れんこん…80g ▶ 乱切り
にんじん…80g ▶ 乱切り
長ねぎ…1/2本 ▶ 2cm長さ
じゃがいも…1個 ▶ ひと口大
大根…100g ▶ 乱切り
白菜…1枚 ▶ 大きめのざく切り
エリンギ…50g
▶ 縦半分にし半分長さ

＋

水…2と1/2カップ
ブロッコリー…適量
▶ 小房に分ける
塩…小さじ1/2～1
好みでこしょう…適量

作り方

1. 鍋に図のように材料を重ねて、ひたひたまで分量内の水を加えたらふたをして約4分中火にかける。
2. 湯気が出たら弱火にし、野菜がやわらかくなるまで約10分煮る。
3. 残りの水とブロッコリーを鍋肌から加えてふたをし、中火で約1分蒸し煮する。塩、こしょうで味を調える。

調理のポイント

ひたひたまで水を入れます。蒸気で蒸されるので、具材は全て水で隠れなくても大丈夫です。

Baby! 取り分け離乳食

【5～6ヶ月】
野菜がやわらかく煮えたら塩で味つけする前にスープの上澄みを取り分けます。

【7～8ヶ月】
やわらかい野菜を味つけ前に取り分けて食べやすくつぶします。

【9～11ヶ月】
半量の調味料で味つけし、食べづらいれんこんなどは小さく切ります。

【12ヶ月～1歳半】
大人と同じ味つけで食べられます。具が大きいときは食べやすく切ってください。

のっぺい汁

材料（大人2人+幼児1人）

れんこん…20g ▶ 薄いいちょう切り
ごぼう…15g ▶ 斜め薄切り
にんじん…20g ▶ 短冊切り
玉ねぎ…1/3個 ▶ 薄切り
里いも…1個 ▶ 乱切り
※皮が厚い場合は薄くむく
大根…100g ▶ 短冊切り
かんぴょう…60cm ▶ 水で戻す ▶ 結ぶ
干ししいたけ…2枚 ▶ 水で戻す ▶ 細切り
昆布…6cm四方1枚 ▶ 水で戻す ▶ 色紙切り
こんにゃく…30g ▶ 塩ゆで ▶ 色紙切り

＋

水…2と1/2～3カップ
塩…小さじ1弱
しょうゆ…小さじ1
葛粉…大さじ1 ▶ 倍量の水で溶く
小ねぎ…1本 ▶ 小口切り
好みでしょうが…適量

作り方

1. 鍋に図のように材料を重ねて、ひたひたまで分量内の水を加えたらふたをして約3分中火にかける。
2. 湯気が出たら弱火にし、材料がやわらかくなるまで約8分煮る。
3. 残りの水、塩、しょうゆを加えて味を調え、水で溶いた葛粉でとろみをつけ、小ねぎ、好みでしょうがを添える。

5ヶ月以降は味つけ前の上澄み、7ヶ月以降はやわらかい野菜を取り分けます。9ヶ月以降は野菜と汁を一緒に取り分け、濃い場合は薄い味つけにします。しょうがは添えなくても。

あさりの和風スープ

材料（大人2人+幼児1人）

あさり貝…120g ▶ 砂抜き
にんじん…40g ▶ いちょう切り
玉ねぎ…1/2個 ▶ 薄切り
じゃがいも…1個 ▶ いちょう切り
キャベツ…1枚 ▶ 色紙切り

＋

水…2と1/2カップ
塩…小さじ1/2～1
しょうゆ…小さじ1/2
三つ葉…適量

作り方

1. あさりは平らな皿に並べ、水1カップと塩小さじ1（ともに分量外）で塩水を作り、ひたひたまで加え、皿で軽くふたをして1～2時間置いて砂抜きする。
2. 鍋に図のように材料を重ねて、ひたひたまで分量内の水を加えたらふたをして約3分半強火にかける。
3. よい香りがしてきたら弱火にし、やわらかくなるまで約3分半煮る。
4. 残りの水と塩、しょうゆを加えたら少し火を強めて数十秒ひと煮立ちさせ、味を調える。器に盛り、三つ葉を飾る。

9ヶ月以降は薄めの味つけで取り分けます。あさりは殻から外し、食べやすく切ります。12ヶ月以降は薄めの味つけで取り分け、食べ方は同様に。

なすとトマトのみそ汁

材料（大人2人+幼児1人）

みそ…大さじ2と1/2
ちりめんじゃこ…大さじ1
にんじん…25g ▶ いちょう切り
玉ねぎ…1/3個 ▶ 薄切り
じゃがいも…1個 ▶ ひと口大
トマト…1/3個
なす…1本 ▶ ひと口大

＋

水…2と1/2〜3カップ
青じそ…3枚 ▶ せん切り

作り方

1. 鍋に図のように材料を重ねて、ひたひたまで分量内の水を加えたらふたをして約3分中火にかける。
2. 湯気が出たら弱火にし、約6分煮る。野菜がやわらかくなったら残りの水を加えて味を調え、青じそを散らす。

7ヶ月以降はなすとトマト以外の野菜を取り分けてつぶし、濃い場合はお湯でのばします。9ヶ月以降は汁と具を取り分け、濃い場合はお湯でのばします。12ヶ月以降も同様に。

冬瓜のスープ

材料（大人2人+幼児1人）

ほたての貝柱…2個
ごぼう…15g ▶ ささがき
にんじん…25g ▶ 細切り
玉ねぎ…1/2個 ▶ 薄切り
冬瓜…160g ▶ 厚めに皮をむき拍子木切り
しいたけ…2枚 ▶ 細切り

＋

水…2と1/2カップ
塩…小さじ1/2
しょうゆ…小さじ1
片栗粉…大さじ1 ▶ 倍量の水で溶く
長ねぎ…適量 ▶ 小口切り

作り方

1. 鍋に図のように材料を重ねて、ひたひたまで分量内の水を加えたらふたをして約3分半中火にかける。
2. 湯気が出たら弱火にし、約6分煮る。野菜がやわらかくなったら残りの水、塩、しょうゆを加える。
3. 水溶き片栗粉を加えて、とろみをつけ、長ねぎを散らす。

7ヶ月以降は味つけ前に野菜のみ取り分けます。9ヶ月以降は薄い味つけに。12ヶ月以降も同様です。

・アレンジPoint・

多めに作ってパスタなどにかけてもおいしく食べられます。ただし、基本はごはん食とし、パスタはときどき楽しむ程度にしましょう。

ミネストローネ

夏野菜をふんだんに使ったミネストローネは、家族の夏バテ防止にぴったり。塩を加えたあとに煮立たせると野菜の甘みが増します。

材料（大人２人+幼児１人）

にんじん…30g ▶ いちょう切り
にんにく…1/2片 ▶ みじん切り
玉ねぎ…1/2個 ▶ 角切り
かぼちゃ…100g ▶ 角切り
ズッキーニ…50g ▶ いちょう切り
ピーマン…1個 ▶ 色紙切り
トマト…1個 ▶ ざく切り

＋

水…1と1/2カップ
塩…ひとつまみと小さじ1強
こしょう…少々

作り方

1. 鍋に図のように材料を重ねて、分量の水を加えたら塩ひとつまみをふる。ふたをして中火に約3分かける。
2. 湯気が出たら弱火にし、野菜がやわらかくなるまで約8分煮て、残りの塩、こしょうで味を調える。

調理のポイント

材料を重ねてから中心にぱらっと塩をふることで、野菜の甘みを引き出しやすくなります。

Baby!

取り分け離乳食

【5~6ヶ月】

離乳食はにんにくは抜きます。にんじんやかぼちゃがやわらかく煮えたら味つけ前に取り分けてスプーンでつぶしながらあげます。

【7~8ヶ月】

塩、こしょうで味つけする前にピーマンとトマト以外の野菜と汁を一緒に取り分け、スプーンでつぶしながらあげます。

【9~11ヶ月】

半量以下の調味料で味つけし、やわらかく煮た具材を少量の汁と一緒に取り分けます。

【12ヶ月~1歳半】

半量の調味料で味つけして取り分けます。

じゃがいものポタージュ

材料（大人2人+幼児1人）

玉ねぎ…1/2個 ▶ 薄切り
じゃがいも…2個 ▶ 半月切り
キャベツ…1枚 ▶ ざく切り

＋

水…1と1/2～2カップ
豆乳…1/2カップ
塩…小さじ1/2
こしょう…適量

作り方

1. 鍋に図のように材料を重ねて、ひたひたまで分量内の水を加えたらふたをして約3分中火にかける。
2. 湯気が出たら弱火にし、約9分煮る。材料がやわらかくなったら火を止めて粗熱を取る。
3. **2**をミキサーにかけて鍋へ戻し、中火にかけ、残りの水、豆乳を加えて濃度を調整し、塩、こしょうで味を調える。

5ヶ月以降は調味料を入れず、**3**でミキサーにかけたら取り分けて水でのばし、中火にかけてさらっとした濃度に調整します。9ヶ月以降は大人の半量以下の塩で味つけし、12ヶ月以降は大人の半量の塩で味つけします。こしょうはなくても。

・アレンジPoint・

離 乳食はもちろん、消化吸収がよいので不調なときの手当てにもおすすめ。かぼちゃやさつまいもなどでアレンジも可能です。

ほたての中華スープ

・アレンジPoint・

春 雨を加えてもおいしくアレンジできます。

材料（大人2人+幼児1人）

ほたて貝柱…2個 ▶ 短冊切り
にんじん…15g ▶ 細切り
玉ねぎ…1/3個 ▶ 薄切り
大根…30g ▶ 細切り
白菜…1枚 ▶ 細切り
しょうが…1/2片 ▶ せん切り
干ししいたけ…2枚
▶ 水で戻す ▶ 細切り

＋

水…2と1/2～3カップ
塩…小さじ1/2
しょうゆ…小さじ1/2
ごま油…少々
好みで小ねぎ…適量
▶ 小口切り

作り方

1. 鍋に図のように材料を重ねて、ひたひたまで分量内の水を加えたらふたをして約2分半中火にかける。
2. 湯気が出たら弱火にし、約4分半煮る。野菜がやわらかくなったら残りの水、塩、しょうゆで味を調えて火を止める。香りづけにごま油をたらし、好みで小ねぎを散らす。

離乳食はしょうがは抜いて作ります。7ヶ月以降は塩、しょうゆで味つけする前にほたて以外の具と汁を一緒に取り分け、スプーンでつぶしてあげます。9ヶ月以降は大人の半量以下の調味料で味つけし、12ヶ月以降は大人の半量の調味料で味つけして取り分けます。

シンプル野菜のカレースープ

材料（大人2人+幼児1人）

にんじん…50g ▶ 角切り
玉ねぎ…1/2個 ▶ 角切り
じゃがいも…1個 ▶ 角切り
パセリの軸…1cm ▶ みじん切り
キャベツ…1枚 ▶ 色紙切り

＋

水…2と1/2カップ
塩…小さじ1/2
カレー粉…小さじ1/2
あれば
パセリの葉
…少々 ▶ 刻む
好みでオリーブ油
…少々

作り方

1. 鍋に図のように材料を重ねて、ひたひたまで分量内の水を加えたらふたをして約3分中火にかける。
2. 湯気が出たら弱火にし、約6分半煮る。具材がやわらかくなったら残りの水を加えて塩、カレー粉で味を調え、あればパセリを散らし、好みでオリーブ油をたらす。

5ヶ月以降は味つけ前に上澄みをすくいます。7ヶ月以降は味つけ前に取り分けて具をつぶし、9ヶ月以降は少量の塩で薄く味つけします。カレー粉は12ヶ月以降からとし、半量の調味料で味つけします。

たいのトマトスープ

材料（大人2人+幼児1人）

真だい…1切れ ▶ ひと口大
▶ 軽く塩をして表面を焼く
にんにく…1/2片 ▶ みじん切り
玉ねぎ…1/2個 ▶ 薄切り
じゃがいも…1個 ▶ いちょう切り
ぶなしめじ…1/2パック ▶ ほぐす
トマト缶…1/2缶

＋

水…2～2と1/2カップ
塩…小さじ1/3
好みでこしょう…少々

作り方

1. 鍋に図のように材料を重ねて、ひたひたまで分量内の水を加えたらふたをして約3分中火にかける。
2. 湯気が出たら弱火にし、約10分煮る。野菜がやわらかくなったら残りの水を加えて塩で味を調える。好みでこしょうをふる。

離乳食の場合はにんにくは抜いて。9ヶ月以降は塩で味つけする前に具と汁を取り分け、スプーンで具をつぶします。12ヶ月以降は薄味を心がけます。こしょうはなくてもOK。

・アレンジPoint・

手亡豆（てぼうまめ）はいんげん豆の一種。白いんげん豆や大豆でアレンジしても。

豆と野菜のレモンスープ

豆はじっくり時間をかけて水で戻すことで、甘みと旨みたっぷりのゆで汁ができます。セロリの青臭さもなく小さな子どもでも食べやすいです。

材料（大人2人+幼児1人）

レモンの皮…少々 ▶ 削いでせん切り
手亡豆…1/3カップ
▶ 前日晩から3倍の水で戻してゆでる
（ゆで汁は取っておく）
玉ねぎ…1/2個 ▶ 色紙切り
じゃがいも…1個 ▶ あられ切り
アスパラガス…1本 ▶ 1cm長さ
セロリ…30g ▶ 小口切り
エリンギ…30g ▶ あられ切り

＋

水…2と1/2カップ
※手亡豆のゆで汁を含む
塩…小さじ1/2
レモン汁…小さじ1〜2
好みでオリーブ油…少々

作り方

1. 鍋に図のように材料を重ねて、ひたひたまで手亡豆のゆで汁を含む水を加え､ふたをして約3分中火にかける。
2. 湯気が出たら弱火にし、約7分火にかける。材料がやわらかくなったら残りの水を加えて塩で味を調える。レモン汁を加えて火を止め、好みでオリーブ油をたらす。

調理のポイント

豆の戻し汁は栄養の宝庫。豆は時間をかけて水で戻し、戻し汁を煮汁として使うことでスープに深みが出ます。

Baby! 取り分け離乳食

【5〜6ヶ月】
具材がやわらかくなったら塩で味つけする前に汁の上澄みをすくいます。

【7〜8ヶ月】
味つけ前に野菜を取り分けて、スプーンで食べやすくつぶしましょう。

【9〜11ヶ月】
半量以下の調味料で味つけしてやわらかく煮た具と少量の汁を一緒に取り分けます。

【12ヶ月〜1歳半】
半量の調味料で味つけして取り分けます。

基本のごはん

毎日のごはんは麦ごはん、煎り玄米ごはんなどを中心に。分づき米で作ってもOKです。おかゆと汁物があれば離乳食も簡単です。

麦ごはん

7ヶ月〜 約30分 お弁当

※おかゆにする

・Point・

穀物の中でも陰性の麦にはからだを冷やしてくれる力があります。夏の麦ごはんはつるっとした喉越しも食べやすく、暑さをのりきるパワーをくれます。

材料（大人２人+幼児１人）

米…1.8合
押し麦…0.2合
水…米+押し麦の1.1 〜 1.2倍容量

作り方

【炊飯器の場合】

1. 水炊器の内釜に30分〜2時間分量の水に浸水した米と水、押し麦を入れて炊く。
2. 炊けたらさっくり混ぜる。

【土鍋の場合】

1. ボウルに米と分量の水、押し麦を入れ、炊飯器の場合と同様に浸水する。
2. 土鍋に**1**の米と水、押し麦を入れ、ふたをして約9分強火にかける。
3. 湯気が出たら弱火にし、約10分煮たら火を止める直前で強火にし、3秒たったら火を止め、そのまま約10分蒸らす。

煎り玄米ごはん

材料（大人２人+幼児１人）

米…1.8合
玄米…0.2合
水…米+玄米の1.1 〜 1.2倍容量

作り方

1. 玄米はフライパンできつね色になるまで乾煎りする（**a**）。
2. 炊飯器の内釜に30分〜2時間分量の水に浸水した米と水、**1**を入れて炊く。（土鍋の場合はボウルで同様に浸水し、土鍋に入れる。ふたをして約9分強火にかけ、湯気が出たら弱火で約10分煮る。火を止める直前で強火にし、3秒たったら火を止め、そのまま約10分蒸らす）。炊けたらさっくり混ぜる。

a

玄米は完全栄養食ともいわれ、栄養分が豊富。煎ることで消化しやすくなり、子どもや胃腸の弱い人でも食べやすくなります。

7ヶ月〜 約30分 お弁当

※おかゆにする

おかゆ

5ヶ月〜

材料（大人2人+幼児1人）

米…1カップ
水…5カップ

約60分強

作り方

【炊飯器の場合】

1. 米は30分〜2時間分量の水に浸水しておく。
2. 炊飯器の内釜に1の米と水を入れて炊飯器のおかゆモードで炊く。

【土鍋の場合】

1. ボウルに米と分量の水を入れ、炊飯器の場合と同様に浸水する。
2. 土鍋に1の米と水を入れ、ふたをして約3分強火にかける。
3. 沸騰したら弱火にし、約50分煮たら火を止め、そのまま約10分蒸らす。

Point

お 米をコトコトゆっくり炊いたおかゆは、やさしい甘み。お母さんのおっぱいに似た味なので赤ちゃんは大好きです。土鍋の場合は、保温性の高い厚手の鍋の使用がおすすめ。途中でふたを取ったりかき混ぜたりするとムラの原因になるので避けましょう。

月齢に合わせたおかゆの作り方

5ヶ月からは、水分を米の20倍あたりから、7ヶ月からは米の10倍というようにだんだん硬くしていきます。1歳以降は大人と同じおかゆ（全がゆ）が食べられます。

【分量一覧】

		米／ごはん	カップ	割合
	**5〜6ヶ月ごろ（三分がゆ）** 米大さじ1、水2カップで炊いて初めは三分がゆの上澄み（重湯）から離乳食を始める。	米 大さじ 1	2 カップ	20倍
	**7ヶ月ごろ（五分がゆ）** 三分がゆに慣れてきたら赤ちゃんのペースを見ながら徐々に五分がゆにしていく。米大さじ2、水2カップくらいまでにして炊く。	米 大さじ 2	2 カップ	10倍
	**8ヶ月ごろ（七分がゆ）** 米1/2カップ、水3と1/2カップで炊く。徐々に硬くしていき、9〜11ヶ月ごろのおかゆに近づける。	米 1/2 カップ	3と 1/2 カップ	7倍
	**9〜11ヶ月ごろ（軟飯）** 炊いたごはん1カップに水1/2カップを加えて煮る。歯茎で嚙めるくらいの硬さが目安。	ごはん 1 カップ	1/2 カップ	2倍

ひじきごはん

材料（大人２人+幼児１人）

米…２合
米ひじき…2g ▶ 水で軽く戻す（戻し汁は取っておく）
塩…小さじ1/2
しょうゆ…小さじ２
水…米の1.1 〜 1.2倍容量 ※ひじきの戻し汁を含む

作り方

1. 炊飯器の内釜に30分〜２時間分量の水に浸水した米と水、塩、しょうゆ、ひじきを入れて炊く。（土鍋の場合はボウルで同様に浸水し、土鍋に入れる。ふたをして約9分強火にかけ、沸騰したら弱火で約10分煮る。火を止める直前で強火にし、3秒たったら火を止め、そのまま約10分蒸らす）。

2. 炊けたらさっくり混ぜる。

７ヶ月以降は炊き上がったら取り出して2倍の水を加えてやわらかく煮直します。徐々に硬くし、12ヶ月以降はそのまま食べられます。

さんまの梅炊き込みごはん

材料（作りやすい分量）

梅干し…小１個 ▶ ちぎる
さんま…１尾 ▶ 塩をふる
大根…50g ▶ 短冊切り
ぶなしめじ…1/2パック ▶ 手でほぐす
米…２合

＋

塩…小さじ1/3
みりん…大さじ１
しょうゆ…小さじ２
水…米の1.1 〜 1.2倍容量
あればすだち…適量 ▶ いちょう切り

作り方

1. さんまは塩少々（分量外）をふって両面をさっと焼いておく。炊飯器の内釜に分量の水に浸水した米と水、塩、みりん、しょうゆを入れ、ざっと混ぜる。

2. 1の上に図の通りに材料を重ねて、炊く。（土鍋の場合はボウルで同様に浸水し、土鍋に入れる。ふたをして約9分強火にかけ、沸騰したら弱火で約10分煮る。火を止める直前で強火にし、3秒たったら火を止め、そのまま約10分蒸らす）。

3. 炊けたらさんまを取り出し、頭と骨を取り、身をほぐす。身を戻して、全体をさっくり混ぜて器に盛り、あればすだちを飾る。

9ヶ月以降は炊き上がったら取り出して2倍の水を加えてやわらかく煮直します。徐々に硬くし、12ヶ月以降はそのまま食べられます。

とうもろこしごはん

7ヶ月〜 約30分 お弁当

子どもが大好きなとうもろこしを使ってほんのり甘い炊き込みごはんに。
しそふりかけで味にアクセントを加えます。

材料（大人2人+幼児1人）

米…2合
とうもろこし…1/2本 ▶ 実をほぐす
水…米の1.1 〜 1.2倍容量
しそふりかけ（市販）…適量

調理のポイント

とうもろこしの芯を一緒に炊くことでごはんにもしっかり甘みが出ます。しそふりかけがアクセントに。

作り方

1. 炊飯器の内釜に30分〜2時間分量の水に浸水した米、水、ほぐしたとうもろこしの実と芯を入れて炊く。（土鍋の場合はボウルで同様に浸水し、土鍋に入れる。ふたをして約9分強火にかけ、沸騰したら弱火で約10分煮る。火を止める直前で強火にし、3秒たったら火を止め、そのまま約10分蒸らす）。
2. 炊けたらとうもろこしの芯を除き、さっくり混ぜて茶碗に盛り、しそふりかけをふる。

Baby!
取り分け離乳食

7〜8ヶ月

炊き上がったらごはんを取り出し、2倍の水を加えてやわらかく煮直します。

9〜11ヶ月

炊き上がったらごはんを取り出し、2倍の水を加えてやわらかく煮直します。月齢が進めば、徐々に硬くします。

12ヶ月〜1歳半

そのまま食べられますが、とうもろこしは食べやすいように軽くつぶしましょう。

子どもの食が進む！

ごはんのおとも

ごはんには、エネルギーのもとやたんぱく質が豊富。ここでは、おにぎりの具にも使えるふりかけや佃煮、小鉢におすすめな漬け物などごはんに合うおかずを紹介します。

ひじきのふりかけ

9ヶ月〜　約4分　お弁当

材料（作りやすい分量）

- **ちりめんじゃこ**…大さじ2
- **米ひじき**…20g
  - ▶ 水で戻す
  - （戻し汁は取っておく）

＋

- **水**…1/2カップ
  - ※米ひじきの戻し汁を含む
- **しょうゆ**…大さじ3
- **みりん**…大さじ3
- **かつお節**…20g
- **白ごま**…大さじ1
  - ▶ 乾煎りし指先でひねる

作り方

1. 鍋に図のように材料を重ねて、戻し汁を含む水、しょうゆ、みりんを加えたらふたをして約1分中火にかける。

9ヶ月以降は半量以下の調味料で薄く味つけして9〜11ヶ月用のおかゆ（P.87）に混ぜます。12ヶ月以降は半量の調味料で味つけし、取り分けます。

2. 湯気が出たら弱火にし、2〜3分煮てふたを取り、白ごま、かつお節を加えて汁気がなくなるまで十分に炒る。

かぶの葉のふりかけ

9ヶ月〜　約3分　お弁当

材料（作りやすい分量）

- **ちりめんじゃこ**…大さじ1
- **かぶの葉**…200g
  - ▶ 小口切り

＋

- **みりん**…大さじ1
- **しょうゆ**…大さじ1
- **かつお節**…1袋（5g）

作り方

1. 鍋に図のように材料を重ねて、みりん、しょうゆを加えて、ふたをして中火に約1分かける。

9ヶ月以降は半量以下の調味料で薄く味つけして取り分けます。12ヶ月以降は半量の調味料で味つけし、取り分けます。

2. 湯気が出たら弱火にし、かぶの葉がやわらかくなるまで約1分半煮て、ふたを取り、かつお節を加えて汁気がなくなるまで十分に炒る。

きゅうりの梅酢漬け

12ヶ月～

材料（作りやすい分量）

きゅうり…1本 ▶ 輪切り
梅酢（P.115）…小さじ1

作り方

1. ボウルにきゅうりと梅酢を合わせ、約5分置く。

12ヶ月以降は食べやすい大きさに切り、半量の調味料で味つけして取り分けます。

2. 軽く汁気を絞り、器に盛る。

Point

梅の酸味がさわやかな一品。さっとできるので、朝ごはんに添えるのもおすすめです。

きくらげの佃煮

9ヶ月～　約5分　お弁当

材料（作りやすい分量）

しょうが…10g ▶ せん切り
乾燥きくらげ…10g
▶ 水で戻す ▶ せん切り

＋

水…1/2カップ
しょうゆ…大さじ3
みりん…大さじ3
白ごま…大さじ1
▶ 乾煎りし指先でひねる
かつお節…20g

作り方

1. 鍋に図のように材料を重ねて、分量の水を加え、ふたをして中火で約1分煮る。
2. 湯気が出たら弱火にし、しょうゆ、みりんを加えて約3分煮て、全体をざっと混ぜる。

9ヶ月以降はしょうが抜きで半量以下の調味料で味つけして9～11ヶ月用のおかゆ（P.87）に混ぜます。12ヶ月以降は半量の調味料で味つけします。

3. 白ごま、かつお節を加えて汁気がなくなるまで十分に炒る。

Point

きくらげのぷりぷりした食感がおいしい佃煮。汁気がなくなるまで十分に炒ると長持ちします。

COLUMN < 3 >

お母さんの重ね煮Q&A

お母さんから寄せられた重ね煮に関する悩みと解決方法を紹介します。
下記を参考に日々の調理に役立ててください。

Q. 重ね煮をおいしく仕上げるコツはありますか？

A. 味見をすることです。食材1つを取っても水分量が多いじゃがいもとホクホクしているじゃがいもなど、違いがあります。調味料を入れたら自身の目と舌の感覚を大切に、必ずチェックをしましょう。

Q. 農薬が気になるので野菜の皮をむきたいのですが…

A. 野菜の皮と実の間は栄養や旨みの宝庫。野菜を皮ごと使用することで、シンプルな調味料でもおいしく作ることができます。できれば商品の表示を確認して安心できる野菜を選んでください。

Q. 重ね煮に適した鍋はありますか？

A. ふたがしっかり閉まる鍋がよいです。蒸気口のあるものはOKですが、ミルクパンや雪平鍋のようにそそぎ口のあるものは水分が逃げて加熱時間が変わってしまいます。また、和え物や蒸し煮で加熱していた鍋を水に浸ける際は、鍋によってはコーティングの剥がれや変形の原因になることもあるので、鍋の取扱い説明書を確認しておきましょう。

Q. ふたつきのフライパンを使う場合どんなものがよいですか？

A. 少し深さがあるタイプのフライパンを選びましょう。ふたつきフライパンは、みそ炒めなどの汁気を飛ばしたいものや重ね煮卯の花などの炒り煮が調理しやすくなります。

Q. 火にかけてから気をつけることはありますか？

A. 何度もふたを開けたり具を混ぜたりする必要はありません。火にかけたら鍋の中で自然に陰陽の対流が起きて、おいしくなっているのでこの対流を邪魔しないこと。混ぜる場合は、最後に全体をざっと混ぜるだけでよいです。

Q. 煮物の調味料はなぜ2回に分けて入れるのでしょうか？

A. 煮物はレシピにもある通り、調味料を2回に分けて入れます。2回に分けることで味が短時間で染みやすくなり、おいしく作れます。味をつけるのではなく食材の味を引き出すものと思ってください。

PART 4

ひと皿でも大満足！
重ね煮の一品料理

子どもたちが大好きなカレーや丼物などのひと皿料理も、
重ね煮ならあっという間に、
しかもいつもよりもおいしくできます。
ちょっとだけラクしたいときや
お昼ごはんにもおすすめのメニューを集めました。

重ね煮塩焼きそば

重ね煮なら市販のスパイスに頼らなくても、からだにやさしい塩焼きそばが簡単にできます。
中華めんは湯通しして、軽くほぐしておくとスムーズです。

材料（大人２人+幼児１人）

むきえび…100g ▶ 下処理
にんじん…40g ▶ 短冊切り
玉ねぎ…1/2個 ▶ 薄切り
キャベツ…3枚 ▶ 細切り
しいたけ…3枚 ▶ 細切り

＋

水…1/3カップ
中華めん…3玉 ▶ 湯通ししてほぐす
ニラ…30g ▶ 2cm長さ
塩…小さじ1
しょうゆ…大さじ1
みりん…小さじ1
好みでこしょう…少々
【えびの下処理】
塩、こしょう、片栗粉…各小さじ1/2

作り方

1. むきえびは下処理の調味料につけて軽くもんでおく。
2. 鍋に図のように材料を重ねて、分量の水を加えたらふたをして約1分半中火にかける。
3. 野菜がやわらかくなったら中華めんとニラ、鍋肌から塩、しょうゆ、みりんを合わせたものを加えて約2分弱火にかける。全体を混ぜ、好みでこしょうをふる。

・アレンジPoint・

塩の代わりにソースを使ったり、うどんに代えて焼きうどんにしてもおいしいです。

Baby! 取り分け離乳食

【12ヶ月～1歳半】

野菜がやわらかくなったら少し薄めの味つけで取り分けてそのままいただきます。仕上げのこしょうはなくてもOKです。

重ね煮にゅうめん

9ヶ月〜
約7分

材料（大人2人+幼児1人）

鶏むね肉…60g
▶角切り▶下味
玉ねぎ…1/3個 ▶薄切り
きゅうり…1本
▶3cm長さの短冊切り
しいたけ…1枚 ▶細切り

＋

そうめん…300g
▶ゆでてざるに上げる
水…3カップ
塩…小さじ1
しょうゆ…小さじ1
【肉の下味】
塩、酒、片栗粉…各少々

作り方

1. 鶏肉は下味の調味料と合わせてもみ込んでおく。
2. 鍋に図のように材料を重ねて、ひたひたまで分量内の水を加えたらふたをして約2分半中火にかける。
3. 湯気が出たら弱火にし、約4分半煮る。材料が煮えたら、塩、しょうゆで味を調え、器にそうめんを入れて、汁をかける。

9ヶ月以降は半量以下の調味料で味つけして取り分け、12ヶ月以降は大人の半量の調味料で味つけし、取り分けます。大きい具材は小さく切ります。

・アレンジPoint・

きゅうりは火を通すと青臭さが消え、食べやすくなります。大人にはおろししょうがを添えても。

ほうとう風うどん

・アレンジPoint・

かぼちゃは季節によってさつまいもや里いもでも代用でき、秋や冬も楽しめます。

9ヶ月〜
約8分

材料（大人2人+幼児1人）

みそ…大さじ4
煮干し…4g
油揚げ…1/3枚 ▶短冊切り
ごぼう…25g ▶斜め薄切り
にんじん…15g
▶半月切り
かぼちゃ…120g ▶薄切り
大根…70g ▶いちょう切り
白菜…40g ▶ざく切り
えのきだけ…80g
▶手でほぐして半分長さ

＋

水…3〜4カップ
しょうゆ…小さじ1弱
うどん…2〜3玉
▶袋の表示通りゆでる
小ねぎ（または水菜など）
…適量 ▶小口切り

作り方

1. 鍋に図のように下から順に材料を重ねて、ひたひたまで分量内の水を加えたらふたをして約3分中火にかける。
2. 湯気が出たら弱火にし、約5分煮る。野菜がやわらかくなったら残りの水としょうゆを加え、味を調える。
3. ゆでたうどんを器に盛り、好みで小ねぎを散らす。

9ヶ月以降は半量以下の調味料で味つけします。具とうどんを取り分けて食べやすく切り、濃い場合はお湯でのばして薄めます。12ヶ月以降は大人の半量の調味料で味つけし、食べ方は同じです。

重ね煮中華丼

9ヶ月〜　約9分

たっぷり野菜に下味をつけた魚介を重ねることで、具材がふっくら
やわらかく煮えます。短時間で作るので、野菜のシャキシャキ感も残せます。

材料（作りやすい分量）

いか、ほたて、えびなど…150g
▶食べやすく切る ▶ 下味
にんじん…40g ▶ いちょう切り
長ねぎ…1本 ▶ 斜め薄切り
白菜…2枚 ▶ ざく切り
きくらげ…2枚 ▶ 水で戻す ▶ ひと口大

＋

水…1カップ
塩…小さじ1弱
しょうゆ…大さじ1
片栗粉…大さじ1 ▶ 倍量の水で溶く
ごま油…適量
ごはん…茶碗3杯分
【シーフードの下味】
しょうゆ、酒、片栗粉…各小さじ1

作り方

1. シーフードは下味の調味料と合わせてもみ込んでおく。
2. ふたつきフライパンに図のように材料を重ねて、分量の水を加えたらふたをして中火に約3分かける。
3. 湯気が出たら弱火にし、約5分煮る。野菜に火が通ったら塩、しょうゆを鍋肌から回し入れ、全体を混ぜたら水溶き片栗粉でとろみをつける。ごま油をざっと回しかけ、器に盛ったごはんにかける。

Baby!
取り分け離乳食

【9〜11ヶ月】

野菜がやわらかく煮えたら半量以下の調味料で薄く味つけして取り分けて、小さく刻んであげます。9〜11ヶ月ごろのおかゆ（P.87）と混ぜて食べさせても。

【12ヶ月〜1歳半】

半量の調味料で味つけして取り分け、小さく切ります。ごはんにかけて食べましょう。

鶏と野菜のそぼろ丼

12ヶ月〜　約6分半　お弁当

野菜を細かく刻んでいるので、野菜をたくさん食べて欲しいときや
子どもと一緒のお昼ごはんにもおすすめ。鶏ひき肉でヘルシーにしています。

材料（大人２人+幼児１人）

みそ…大さじ１
鶏ひき肉…150g
れんこん…30g ▶ 粗みじん切り
にんじん…50g ▶ 粗みじん切り
玉ねぎ…100g ▶ 粗みじん切り
しょうが…１片 ▶ みじん切り
干ししいたけ…３枚
▶ 水で戻す ▶ みじん切り
（戻し汁は取っておく）

＋

水…1/2カップ
※干ししいたけの戻し汁を含む
みりん…大さじ１と1/2
しょうゆ…大さじ１と1/2
ごはん…茶碗２〜３杯分
あればスプラウト…適量 ▶ 半分長さ

作り方

1. ふたつきフライパンに図のように材料を重ねて、戻し汁を含む水1/2カップを加えたらふたをし、約1分半中火にかける。
2. 湯気が出てしばらくしたら、ふたを取って鶏肉を軽くほぐし、再度ふたをして弱火で約3分煮る。
3. 具材に火が通ったらみりん、しょうゆを加えて全体をざっと混ぜて汁気が飛ぶまで十分に炒る。器に盛った、ごはんにのせ、あればスプラウトを飾る。

Baby!
取り分け離乳食

【12ヶ月〜1歳半】
具材に火が通ったら少し薄めの味つけで取り分けます。

調理のポイント

米粉はカレー粉と水に合わせてから回し入れることで、溶けやすくなります。

・アレンジPoint・

市販のルーを使う場合は、3の段階で残りの水を足してから、調味料の代わりにルーを入れてください。

簡単手作りルーのカレーライス

7ヶ月～

約15分

子どもたちが大好きなカレーも重ね煮なら野菜の旨みと甘みがたっぷり。
市販のルーを使わず、小麦粉の代わりに米粉を使っているので小麦アレルギーの子でも安心です。

材料（作りやすい分量）

にんじん…80g ▶ 乱切り
にんにく…1片 ▶ みじん切り
玉ねぎ…2個 ▶ 薄切り
かぼちゃ…200g ▶ 角切り
ピーマン…3個 ▶ 角切り
しょうが…1片 ▶ みじん切り
トマト…150g ▶ ざく切り
なす…1個 ▶ 乱切り

＋

水…3～4カップ
塩…小さじ1と1/2～2
月桂樹…1枚
しょうゆ…大さじ2～3
ケチャップ…大さじ1
A **カレー粉**…小さじ2
米粉…大さじ2
水…1/2カップ
ごはん…茶碗2～3杯分

作り方

1. 鍋に図のように材料を重ねて、ひたひたまで分量内の水を加えたら分量の塩小さじ1、月桂樹を加えてふたをし、約3分中火にかける。
2. 湯気が出たら弱火にし、野菜がやわらかくなるまで約10分煮る。
3. 残りの水と塩を加えてしょうゆ、ケチャップで濃いめに味をつける。
4. 合わせたAを3に回し入れて、弱火で約2～3分煮込み、とろみがついたら器に盛ったごはんに4をかける。

Baby!

取り分け離乳食

【7～8ヶ月】

離乳食の場合はにんにくとしょうがを抜きます。具材が煮えたら、味つけする前の汁の上澄みをすくうか、ピーマン、トマト、なす以外のやわらかい野菜を取り分け、スプーンでつぶします。

【9～11ヶ月】

野菜がやわらかく煮えたら半量以下の調味料で薄く味つけして取り分けます。

【12ヶ月～1歳半】

野菜がやわらかく煮えたら半量の調味料で薄く味つけして取り分けます。

カレーピラフ

材料（作りやすい分量）

にんじん…30g ▶ みじん切り
玉ねぎ…1/2個 ▶ みじん切り
ピーマン…2個 ▶ みじん切り
レーズン…10g

＋

水…1/4カップ
塩…ひとつまみと小さじ1/3
カレー粉…小さじ1
ごはん…茶碗2杯分
しょうゆ…小さじ1/2

作り方

1. ふたつきフライパンに図のように材料を重ねて、分量の水と塩ひとつまみを加えたらふたをし、約1分半中火にかける。
2. 湯気が出たら弱火で約3分煮る。にんじんがやわらかくなったら塩小さじ1/3、カレー粉を加えて全体を混ぜる。
3. ごはんを加えたらしょうゆをひと回しして全体をざっと混ぜる。

12ヶ月以降は半量の調味料で味つけします。

米粉のクリームシチュー

・アレンジPoint・

キャベツはきのこや白菜、じゃがいもは里いもに代えてもおいしくできます。季節の野菜で楽しんでください。

材料（作りやすい分量）

鶏むね肉…200g ▶ ひと口大
にんじん…80g ▶ 乱切り
玉ねぎ…1/2個 ▶ くし切り
じゃがいも…2個
▶ 大きめのいちょう切り
大根…80g
▶ 1cm厚さのいちょう切り
キャベツ…80g ▶ ざく切り

＋

ブロッコリー…適量
▶ 小房に分ける
水…2と1/2カップ
塩…小さじ1
豆乳（または牛乳）
…1カップ
米粉…大さじ2
こしょう…少々
【鶏肉の下味】
塩、こしょう…各少々
米粉…大さじ1

作り方

1. 鶏肉は下味の調味料と合わせてもんでおく。鍋に図のように材料を重ねて、ひたひたまで分量内の水を加えたらふたをし、約4分中火にかける。
2. 湯気が出たら少しだけ弱火にし、約9分煮て野菜がやわらかくなったら塩小さじ1/2と残りの水を加える。
3. 豆乳に米粉を合わせて2に加える。
4. ブロッコリーを加えて煮立たせないように混ぜながら残りの塩、こしょうで味を調える。

9ヶ月以降は半量以下の調味料で薄く味つけし、牛乳は避けます。12ヶ月以降は半量の調味料で味つけし、肉は食べやすく切ります。

豆乳でまろやかな味！

季節のグラタンアレンジ

からだにやさしい豆乳のグラタンアレンジを紹介します。
旬の食材を使って、アレンジするのもおすすめです。

じゃがいもとブロッコリーの豆乳グラタン

春 夏

7ヶ月～　約7分半

オーブン：約10～15分

材料（大人2人+幼児1人）

にんじん…50g ▶ いちょう切り
玉ねぎ…1/2個 ▶ 薄切り
じゃがいも…2個 ▶ 半月切り
ブロッコリー…60g ▶ 小房に分ける
キャベツ…1枚 ▶ 色紙切り

水…1/3カップ
塩…ひとつまみ
パン粉…適量
【グラタンソース】
豆乳…2カップ
米粉…大さじ2
塩…小さじ1/2強

作り方

1. ふたつきフライパンに図のように材料を重ねて、分量の水を加えたら上に塩ひとつまみをふり、中火で約3分蒸し煮する。
2. グラタンソースの材料をよく混ぜ合わせ、鍋に入れて約4分半弱火にかける。とろみがついたら1とさっくり混ぜてグラタン皿に移す。
3. パン粉をふり200℃のオーブンで約10～15分焦げ目がつくまで焼く。

7ヶ月以降は1の蒸し煮した野菜を取り分けてつぶします。9ヶ月以降は2で半量の調味料で味つけし、取り分けて焼きます。

たらとエリンギの豆乳グラタン

秋 冬

7ヶ月～　約7分半

オーブン：約10～15分

材料（大人2人+幼児1人）

たら…2切れ
▶ ひと口大 下処理
じゃがいも…大1個
▶ 半月切り
長ねぎ…100g ▶ 斜め切り
エリンギ…1本 ▶ 短冊切り

水…1/3カップ
塩…ひとつまみ
パン粉…適量
【グラタンソース】
豆乳…2カップ
米粉…大さじ2
塩…小さじ1/2

作り方

1. バットにたらを並べ、塩少々(分量外)をふってしばらく置き、キッチンペーパーなどで表面の水気を拭き取り、表面を焼く。
2. ふたつきフライパンに図のように材料を重ねて、分量の水を加えたら上に塩ひとつまみをふり、中火で約3分蒸し煮する。
3. グラタンソースの材料をよく混ぜ合わせ、鍋に入れて約4分半弱火にかける。とろみがついたら1とさっくり混ぜてグラタン皿に移す。
4. パン粉をふり200℃のオーブンで10～15分焦げ目がつくまで焼く。

7ヶ月以降は蒸し煮した野菜のみを取り分けてつぶしてあげます。9ヶ月以降は2で半量の調味料で味つけし、取り分けて焼きます。

野菜をおいしく食べる蒸し煮

少ない水と鍋だけでできる蒸し煮。お湯を沸かしてゆでるより時短で
食材が持つ栄養の損失も少なめ。コツをつかんで手近な野菜でチャレンジしてみてください。

ゆでるよりも簡単！野菜の時短調理法

蒸し煮は少しの水とひとつまみの塩、鍋があればできる簡単調理。鍋に湯を沸かしてゆでるより短時間で手軽にできるので、お弁当の隙間埋めやおやつにもおすすめです。また、夏場に野菜を摂りたいときは蒸し煮や梅酢を使う（115ページ）など、からだを冷やさず消化しやすい調理法で食べるとよいです。野菜を加熱しすぎることもないので野菜の栄養価も保ちやすいです。

野菜の歯ごたえがしっかり残り、色よく仕上がります。
お弁当の隙間埋めにも便利です。

失敗しない！ 蒸し煮調理のコツ

1 薄手の鍋を用意する

野菜をシャキッと色よく仕上げるため、熱伝導のよい薄手の鍋を用意します。厚みのある鍋は避けましょう。

2 誘い水をする

誘い水は鍋を火にかける前に注ぎ入れる水のこと。これによって野菜が焦げつかず、きれいに蒸されます。

3 隠し塩をする

隠し塩とは味つけではなく野菜を色鮮やかに仕上げるためのもの。塩ひとつまみが野菜に行き渡るようにします。

4 短時間で蒸し煮する

中火にかけてふたをします。沸騰しても火加減はそのままで。ふたを取ってざっと混ぜ、短時間で水分を飛ばします。

5 鍋ごと水に浸す

蒸し煮が終わったら鍋ごと水を張ったボウルに浸けて冷まします。鍋ごと浸けることで野菜の色止めになります。

でき上がり！

今すぐできる！簡単蒸し煮レシピ

蒸し煮は野菜の歯ごたえと必要な栄養をしっかり残すことができます。塩や梅酢で素材の甘みを引き出すので、小さな子どもに野菜を食べさせたいときにもおすすめです。

12ケ月〜　約3分　お弁当

とうもろこしの蒸し煮

材料（作りやすい分量）

とうもろこし…1本
▶食べやすく切る
塩…とうもろこしの重量の約1％
水…1/2カップ

作り方

1. ふたつきフライパンに分量の水と塩を入れて沸かし、食べやすく切ったとうもろこしを入れてふたをする。
2. とうもろこしの粒の黄色が鮮やかになるまで中火で約3分煮る。

9ケ月〜　約12分　お弁当

さつまいもの蒸し煮

材料（作りやすい分量）

さつまいも
…1本▶1cm厚さの輪切り
水…1/2カップ
梅酢（P.115）…小さじ1/4

作り方

1. 薄手の鍋にさつまいもを並べ、梅酢を混ぜた水を加えたらふたをし、中火に約2分かける。
2. 湯気が出たら弱火にし、約10分さつまいもを色よく煮る。

12ケ月〜　約1分半　お弁当

ブロッコリーの蒸し煮

材料（作りやすい分量）

ブロッコリー…50g▶小房に分ける
水…大さじ3
塩…ひとつまみ

作り方

1. 薄手の鍋に分量の水、塩を入れて中火に約1分かける。
2. 湯が沸いたらブロッコリーを入れてブロッコリー全体に塩水が行き渡るように箸で軽く混ぜてふたをする。
3. 約10秒したらふたを取り、全体を混ぜて水気を飛ばす。

9ケ月〜　約4分　お弁当

枝豆の蒸し煮

材料（作りやすい分量）

枝豆…1パック
塩…枝豆の重量の約3％
水…大さじ3

作り方

1. 枝豆はさやごと洗い、ボウルに入れて塩をまぶす。
2. 薄手の鍋に1と分量の水を加えたらふたをして中火に約1分かける。
3. 湯気が出たら全体をざっと混ぜてふたをし、中火で約3分硬めに蒸し煮する。
4. 水を張ったボウルに鍋ごと浸け、ふたをしたまま約5分置く。

PART 5

からだにやさしいおやつ

乳製品やバターを使わず、
ほんのりやさしい甘さのおやつは
小さな子どもに食べさせても安心。
2歳ごろまでは砂糖はほどほどに、
野菜や果物の甘みを活かしたおやつがおすすめです。

アップルパイ

バターを使わずに作るパイ生地は、もっちりしていて食べ応え十分。
子どもと一緒のお出かけにも持って行けます。

材料（約10個分）

【フィリング】
レーズン…大さじ1
りんご…1個 ▶ 5mm角切り

＋

水…大さじ2
梅酢（P.115）…少々

【パイ生地】
小麦粉
（なるべく産地の近いもの）
…180g
塩…小さじ1/2
なたね油…25g
お湯…1/2カップ弱
みりん…大さじ1

作り方

1. フィリングを作る。鍋に図のように材料を重ねて、分量の水と梅酢を入れたら約1分中火にかける。
2. 湯気が出たら弱火にし、ときどき混ぜて軽くつぶしながら約10分煮詰める。
3. パイ生地を作る。ボウルに小麦粉と塩を入れ混ぜ、さらに油を加えてよくすり混ぜる。分量のお湯を加えて耳たぶくらいの硬さにこねる。
4. **2**と**3**を10等分する。2mm厚さくらいに薄くのばした**3**で**2**を包み、閉じ目をフォークでしっかりおさえる。
5. **4**の表面に切り込みを入れ、180℃に予熱したオーブンで約13分焼く。一旦取り出し、ハケでみりんを表面に塗り、つやが出るまで2〜3分焼く。

Baby!
取り分け離乳食

【 12ヶ月〜1歳半 】
小さめに成形して手に持ちやすいアップルパイを作ってあげると、手づかみで食べられます。

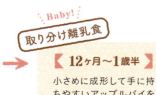

りんごとさつまいものスイートポテト

12ヶ月～ 約15分

鍋1つで簡単にできるスイートポテトです。
さつまいもの皮をむかずにそのままつぶすと、よいアクセントになります。

材料（約8個分）

さつまいも…中1本（350g）▶ 角切り
A **水**…1/2カップ
　梅酢…小さじ1/4
りんご…1/2個 ▶ 5mmのあられ切り
B **水**…1/3カップ
　梅酢…少々
くるみ…3個 ▶ 乾煎り

作り方

1. 鍋にさつまいもとAを入れて中火で約10分蒸し煮し、鍋のままマッシャーでつぶす。
2. 別の鍋にりんごとBを入れて中火で約5分やわらかく煮たら1に加えて混ぜる。
3. 食べやすい大きさに丸めて、煎ったくるみを飾る。

Baby!
取り分け離乳食

【12ヶ月～1歳半】
食べやすいように小さく丸めてあげます。大人と同じ味つけでよいのでラクです。

かるかん

2歳〜　約20分

材料（直径6cmカップ 約7個分）

※はちみつを使用しているので1歳未満の赤ちゃんは避けましょう

【かるかんのもと】
長いも…150g ▶ 皮をむき乱切り
きび砂糖（または米飴）…大さじ3
はちみつ…大さじ3
梅酢…小さじ1
上新粉…150g
水…1/2 〜 3/4カップ
しそふりかけ……適量

作り方

1. かるかんのもとの材料をミキサーにかける。
2. ボウルに移し、上新粉と分量の水を木べらで混ぜ合わせる。
3. 型に流して蒸し器で約20分蒸す。竹串をさして生地がつかなければ、火を止め、しそふりかけをふる。

※子ども用はきび砂糖とはちみつを加える際に控えめにして仕上げます。

・アレンジPoint・

甘みはきび砂糖のほかにはちみつ、米飴など好みのものを使ってください。

豆腐団子

12ヶ月〜　約3分

材料（約20個分）

豆腐…200g ▶ 軽く水切りする
白玉粉…50g
上新粉…50g
塩…ひとつまみ
きび砂糖（または米飴）…適量
きな粉…適量 ▶ 塩ひとつまみを混ぜる

作り方

1. 白玉粉、上新粉、塩を入れたボウルに、硬さを見ながら水切りした豆腐を加えていく。ダマにならないよう、耳たぶくらいの硬さにする。
2. 鍋に湯を沸かし、1を丸めて約3分ゆでる。
3. 浮いてきたら数秒待ってからボウルに取り、きび砂糖を絡め、塩を加えたきな粉をまぶす。

12ヶ月以降は大人と同じものを食べられます。
食べすぎに注意し、適量を心がけます。

りんごの葛あん煮

砂糖を使わずりんごとレーズンの自然な甘さを生かしています。
レモンでさっぱりと食べられるので、手当て食（P.112）にもおすすめです。

・アレンジPoint・

りんごの葛あん煮は食物繊維が豊富なので、調子がよくないときや便秘の手当てとしても役立ちます。

材料（作りやすい分量）

レーズン…大さじ2
レモンの皮…適量
りんご…1個 ▶ いちょう切り

＋

梅酢…小さじ1/3
水…1/2カップ
レモン汁…小さじ1
本葛粉…小さじ2 ▶ 倍量の水で溶く

作り方

1. 鍋に図のように材料を重ねて、梅酢と分量の水を加えたらふたをして約2分中火にかける。
2. 湯気が出たら弱火にし、やわらかくなるまで約5分煮る。
3. レモン汁を加え、水で溶いた葛粉でとろみをつける。

Baby!
取り分け離乳食

【 12ヶ月～1歳半 】

やわらかく煮えたらりんごを食べやすい大きさに切っていただきます。

りんごとレーズンのフルーツゼリー

12ヶ月～　約12分

レーズンのやさしい甘みで、砂糖なしでも満足できるゼリー。
ペクチンが豊富なりんごは、お腹の調子がよくないときの手当て食（P.112）としてもお役立ちです。

材料（4.5×5×5cm四角型6個分）

レーズン…大さじ2
りんご…2個 ▶ あられ切り

＋

みかん…適量 ▶ 皮をむく
水…1/3カップと2カップ
梅酢…小さじ1/2
寒天…3g

作り方

1. 図のように材料を重ねて、分量内の水1/3カップと梅酢を加えたらふたをして約2分中火にかける。湯気が出たら弱火にし、りんごがやわらかくなるまで約8分煮る。
2. 別の鍋に寒天と分量内の水2カップを入れて中火で約2分煮立たせ、みかんと一緒に1に加えて混ぜ合わせる。
3. 型に2を流し入れ、常温で約20分置いて冷やし固める。

Baby!
取り分け離乳食

【12ヶ月～1歳半】

大人と同じものが食べられます。食べすぎないように注意し、適量をあげるようにしてください。

・アレンジPoint・

フルーツはみかんや桃、いちごなどにキウイを合わせてもおいしくできます。

豆乳寒天フルーツソース

さっぱりとした豆乳寒天に、季節のフルーツを使ったソースを合わせて。
はちみつを使っているので、口に入れた瞬間ほんのりやさしい甘さが広がります。

材料（作りやすい分量）

※はちみつの使用は
1歳未満の赤ちゃんには避けましょう

【フルーツソース】
水…1/2カップ
梅酢…小さじ1/4
甘夏…1/2個
▶皮をむき小さく切る
きび砂糖（または米飴）…大さじ1/2
はちみつ…大さじ1/2
本葛粉…大さじ1 ▶ 倍量の水で溶く
【豆乳寒天】
寒天…2g
水…1カップ
塩…少々
豆乳…1カップ

作り方

1. フルーツソースを作る。鍋に分量の水、梅酢、果物を入れて混ぜ合わせ、約2分中火にかける。
2. 沸騰したら弱火にし、2～3分煮てきび砂糖、はちみつを加えて混ぜる。水で溶いた葛粉を加えてとろみをつけ、火を止めて冷ます。
3. 豆乳寒天を作る。鍋に寒天と分量の水、塩を入れ、約1分中火にかけて溶かす。
4. 豆乳を加えて混ぜてから火を止め、器に注いで常温で約20分置いて冷やし固め、食べる直前に**2**をかける。

調理のポイント

寒天が完全に溶けてから豆乳を加えるとダマになりにくく、なめらかな豆乳寒天ができます。

Baby!
取り分け離乳食

【12ヶ月～1歳半】

2で甘みをつける前のフルーツソースを豆乳寒天に少しかけていただきます。

桃のコンポート

材料（作りやすい分量）

桃…2個 ▶ 大きめのさいころ切り
梅シロップ（下段参照）…大さじ3
水…1カップ
本葛粉…小さじ1 ▶ 倍量の水で溶く

作り方

1. 鍋に梅シロップと分量の水を入れて少し濃いめの梅ジュースを作る。桃を入れてふたをして中火で軽く2～3分煮たら火を止め、鍋の中で箸で皮をはがす（桃が梅ジュースと反応して薄いピンクになり、皮もむきやすくなる）。桃は器に入れる。

2. 鍋のシロップを約1分中火で沸かし、水で溶いた葛粉でとろみをつけたら火を止め、**1**の桃とシロップを絡める。

※子ども用は、シロップをお湯で薄めます。少し冷やすと、よりおいしく食べられます。

Point

梅シロップに保存期限はありませんが、暗所の涼しいところで保管しましょう。

梅ジュース 2歳～

材料（作りやすい分量・3ℓ容器1本分）

青梅…1kg
きび砂糖またははちみつ…1kg

作り方

1. 梅シロップを作る。煮沸した容器を準備し、梅はよく洗って乾かしておく。

2. 梅のヘタを竹串で取り、表面にフォークで穴を開けて、きび砂糖と交互になるように容器に入れていく。

3. シロップが上がってくるまで約3週間毎日瓶をふる。水や炭酸水で5倍に割って飲む。

※子ども用は、大人用よりも水で薄めて少量をあげてください。炭酸水は3歳以降に。

かぼちゃのソフトクッキー

12ヶ月〜

約11分

オーブン：約15分

かぼちゃとレーズンの甘みが感じられる素朴なソフトクッキーです。
噛むほどにおいしく、砂糖を使っていないので赤ちゃんにも安心です。

材料（約20枚分）

かぼちゃ…200g ▶ ひと口大
水…1/2カップ
塩…ひとつまみ
上新粉…1カップ
レーズン…大さじ3 ▶ 刻む

作り方

1. 鍋にかぼちゃを入れ、分量の水と塩を加えて中火で約1分煮る。湯気が出たら弱火にして約10分煮る。煮えたらマッシャーでつぶす。
2. ボウルに1と上新粉、レーズンを加えて木べらでよくこねる。硬いようならお湯を適宜足す。
3. 20等分にして丸めてから手のひらで軽くつぶし、180℃に予熱したオーブンで約15分焼く。

Baby!
取り分け離乳食

【12ヶ月〜1歳半】

小さく成形して焼けばそのまま食べられます。好みの型で抜いてお出かけ時のおやつにも。

薬に頼らない！手当ての基本

子どもの突然の不調にも慌てずに済む、家庭でできる対処法を教えます。
お母さんがしっかり対処できれば、きっと子どもも安心できるはずです。

手当てとは早い回復を促すための対処法

子どもが痛みを訴えたとき、痛いところにお母さんが手を当てるだけで安心して痛みが和らぐことがあります。これが「手当て」の原点。手当ては問題が起きてから薬に頼ることではありません。症状が重くなる前に対処し、回復を早める助けをするものです。薬と違って副作用の心配をしなくて済むのもよいところ。子どもの不調を感じたら、早めに対処しましょう。

食べる手当ては日常の不調にも効果的

手当て食は「食べる手当て」と「飲む手当て」が基本。体調がすぐれないときに、栄養をつけようとたくさん食べさせるのは実は誤りです。

たとえば、熱があるときはからだはウイルスと戦っている真っ最中。食べすぎたり、消化しにくいものを食べたりしてしまうと血液やエネルギーが消化に集中し、本来治したいところに十分な血液が運ばれにくくなってしまいます。食欲がある場合でも普段の半分以下の量にとどめるようにするとよいでしょう。その際は消化しやすいおかゆ（87ページ）や季節のみそ汁（76ページ）などを基本に、油分や砂糖の多い食事は避けましょう。これは子どもの熱だけでなく、大人の日常的な不調や二日酔いのときなどにも効果的な食べ方です。水分は不足しないよう注意してください。

上手な手当て食の取り入れ方

手当て食を取り入れる際のポイントやコツを紹介します。

1. 空腹時に取り入れる

手当て食は空腹時に1日1～2回から取り入れます。最大でも4回までにとどめ、4回の場合は朝、昼、晩の食事前と寝る前とします。

2. 食事の量を減らす

食べる量はいつもの半量以下に減らし、砂糖や油を使わない消化のよいものを心がけます。胃腸を休めてからだの回復を促します。

3. おやつ代わりにする

砂糖を使ったお菓子は病気の回復を妨げてしまいます。砂糖や油は調子がすぐれないときは食べないようにしましょう。

4. 効果がなければやめる

からだが徐々に慣れてくるので、5～7日を目安に効果が見られない場合は一旦中止して別の方法に切り替えます。

※改善には個人差があります。改善が見られない場合はかかりつけの医師に相談をしてください

消化吸収しやすい飲む手当てで回復

食欲がないときには「飲む手当て」が効果的です。おすすめは煎り玄米のポタージュ(114ページ)。ポタージュにすることで消化、吸収がしやすくなり、体力の回復を促してくれます。食材が持つ力を知っていると、子どもの不調が軽いうちに対処できるので症状が重くなってから慌てて病院へ行って薬を処方してもらうといったことも減るはず。身近な食材はからだを整える味方になってくれます。

お茶うがいのすすめ

梅酢(P.115)や番茶には殺菌効果があります。100〜150㎖のぬるま湯に梅酢小さじ1/2を混ぜてうがいすると、のどの痛みも改善しやすくなります。

役立つ台所の薬箱

ちょっとした不調や病院に行くほどでもないけれど体調がすぐれないといったときに、あると便利な食材を紹介します。レシピはP.114へ。

【食べる手当て】

葛粉やりんご、れんこんなどは突然の不調に備えて常備しておくと役に立ちます。

れんこん

ビタミンが豊富なほか、節や皮にタンニンを多く含み、粘膜を引きしめてのどの炎症を抑えやすくします。

りんご

ペクチンが豊富なりんごはお腹の調子を整えやすくしてくれます。腹痛や便秘が続くときに。

おかゆ

ごはんよりも消化しやすく、食べる手当てには欠かせないおかゆ(P.87)。梅干しを添えてもよいです。

煎り玄米

玄米よりも消化しやすい煎り玄米は白米よりも栄養が豊富。ポタージュなどに混ぜます。

本葛粉

本葛粉は陽性の強い葛を100%使用したもの。からだを温め、とろみがつくので小さな子どもでも食べやすいです。

【飲む手当て】

ビタミンが豊富な玄米茶や番茶は、普段の飲み物や不調なときの水分補給にもおすすめです。

玄米茶

解毒効果にすぐれ、利尿作用もあります。ノンカフェインなので赤ちゃんの水分補給にも安心です。

【作り方】

お湯1.2ℓに煎り玄米(P.86)大さじ2を加えて玄米の粒が弾けるまで弱火で煮出す。

番茶

番茶は抗菌作用のあるカテキンを含み、ビタミンCも豊富。普段の飲み物としてもおすすめです。

【作り方】

パックに茶葉大さじ3を入れ、1ℓのお湯で約10分煮出す。うがいの際はコップ1杯に1%程度の塩を加えるとよい。

赤ちゃんから始められる 手当てレシピ

からだにやさしい手当てレシピを紹介します。症状がひどくなる前に服用するのがおすすめです。
※授乳中の赤ちゃんの具合がすぐれない場合は赤ちゃんではなく、お母さんが飲むようにするとよいです。

煎り玄米のポタージュ

5ヶ月〜 約13分

煎り玄米で【食べる手当て】

材料（作りやすい分量）

煎り玄米（P.86）…大さじ2
にんじん…35g ▶ いちょう切り
玉ねぎ…1/2個 ▶ 薄切り
じゃがいも…1個 ▶ 角切り
キャベツ…1枚 ▶ 色紙切り

＋

水…2と1/2 〜 3カップ
塩…小さじ1弱
こしょう…少々

作り方

1. 鍋に図のように野菜を重ね、ひたひたまで分量内の水を加えたら中火に約3分かける。湯気が出たら弱火にし、やわらかくなるまで約8分煮る。
2. 野菜がやわらかくなったら火を止めて粗熱を取る。塩の半量を加えてミキサーにかけて再び鍋に戻す。
3. 残りの水を足して約2分弱火にかけ、残りの塩、こしょうで味を調える。

5ヶ月以降は塩を加える前に取り分けてミキサーにかけて水でのばし、さらっとした状態にします。9ヶ月以降は半量以下の調味料で薄く味つけし、12ヶ月以降は半量の調味料で味つけします。

Point

消化しやすいので食欲がないときや風邪気味のときなどに。効率的に栄養を摂ることができます。

りんご葛湯

12ヶ月〜 約1分

りんご＋葛粉で【飲む手当て】

材料（1回分）

※はちみつの使用は
1歳未満の赤ちゃんには避けましょう

りんご…1/4個 ▶ すりおろす
水…1/2カップ
本葛粉…小さじ1
はちみつ…小さじ1

作り方

小鍋に水と本葛粉を入れて5分ほど置き、すりおろしたりんご、はちみつを加えたら中火に約1分かけて透明感が出るまでかき混ぜる。

Point

便秘や下痢などお腹の調子を整えたいときにおすすめ。りんごのペクチンが作用してくれます。

れんこん＋葛粉で【飲む手当て】

Point

のどが痛いときなどにおすすめです。れんこんの節は最も薬効が高いとされます。1歳未満の子どもにあげたい場合は、はちみつの代わりに米飴を使えばOKです。

れんこん入り葛ねり

12ヶ月〜 約1分

材料（1回分）

※はちみつの使用は
1歳未満の赤ちゃんには避けましょう

れんこん…30g ▶ 皮つきをすりおろす
※できれば節の部分
水…3/4カップ
本葛粉…大さじ2 ▶ 倍量の水で溶く
はちみつ…小さじ2

作り方

1. 小鍋にれんこんのしぼり汁、水、水で溶いた本葛粉、はちみつを入れて5分ほど置く。
2. 小鍋を約1分中火にかけ、透明感が出るまでかき混ぜる。

COLUMN <4>

疲労回復にぴったり！ 梅酢のスゴイちから

梅酢は梅を漬けるときに上がってくる液で、料理や手当てに活躍します。
ここでは梅酢の役割とおすすめレシピを紹介します。

1本で4つの作用！日本ならではの調味料

梅酢とは、梅干し作りの過程で梅を塩漬けにした際に上がってくる液のこと。自家製のものか、購入する場合は自然食品店などで手に入ります。梅酢は野菜や果物を色よく仕上げる**「色止め」**、根菜などの泥臭さや黒ずみを抑える**「漂白」**、料理を傷みにくくする**「殺菌」**、炎症や熱中症予防が期待できる**「消炎」**の4つの作用があり、家庭にお役立ちの日本の調味料です。

簡単！梅酢レシピ

Point

汗をたっぷりかくときにも手作りのスポーツドリンクなら安心です。

スポーツドリンク

12ヶ月〜

材料（作りやすい分量）

※はちみつの使用は
1歳未満の赤ちゃんには避けましょう

はちみつ…大さじ1
梅酢…小さじ1
レモン汁…大さじ1～2
水…2と1/2カップ

作り方

はちみつ、梅酢、レモン汁をよく混ぜ合わせて、分量の水に加える。

Point

子どもが大好きな春雨を梅酢でさっぱりとしたサラダに。夏におすすめです。

春雨サラダ

12ヶ月〜　約1分

材料（作りやすい分量）

にんじん…20g ▶ せん切り
玉ねぎ…1/3個 ▶ 薄切り
米ひじき…3g
▶ 水で軽く戻す

＋

水…大さじ2
塩…ひとつまみ
春雨…30g ▶ ゆでる
きゅうり…1本 ▶ せん切り
しょうゆ…大さじ1
梅酢…小さじ1/2
好みでごま油…適量
好みで青じそ…適量 ▶ 細切り

作り方

1. 薄手の鍋に図のように材料を重ねて、分量の水と塩を加えたらふたをし、中火で約1分蒸し煮する。
2. ふたを取り、全体をざっと混ぜ、火を止めたら水を張ったボウルに鍋ごと浸けて冷ます。きゅうりは梅酢適量（分量外）でもんでおく。
3. 春雨、軽く汁気を絞ったきゅうり、しょうゆと梅酢を合わせて2の蒸し煮と和え、好みでごま油を回しかけ青じそを散らす。

12ヶ月以降は小さく切って取り分け、しょうゆと梅酢を水で薄めてから和えます。

即席漬け

12ヶ月〜

材料（作りやすい分量）

余り野菜（キャベツ、大根、かぶ、なす、きゅうりなど）
…100g ▶ 食べやすい大きさ
梅酢…野菜全体の重量の10％

Point

野菜室に余っている野菜で作ってみましょう。箸休めにおすすめです。

作り方

1. ボウルに全ての材料を入れて、全体がなじむように混ぜ、15分以上置く。
2. 軽く水気を絞って器に盛る。

子どもが気をつけたい食材リスト

離乳食期・幼児期は、まだ臓器やからだが未発達のため食べさせる際に
気をつけたい食べ物があります。毎日の調理の参考にしてください。

○…食べてOK、△…食べてもよいが積極的に摂らなくてもよい、×…食べるのを避けたい

【魚介類・加工品】

脂肪分の少ない白身魚から始め、徐々に青魚も取り入れて。脂の多い養殖魚や添加物の多い加工品は避けたいところです。

	5~6ヶ月	7~8ヶ月	9~11ヶ月	12ヶ月~1歳半	1歳半~2歳	3~5歳
鮭	×	×	○	○	○	○
さば	×	×	○	○	○	○
たら	×	×	○	○	○	○
まぐろ	×	×	○	○	○	○
いわし	×	×	○	○	○	○
あさり	×	×	○	○	○	○
ほたて	×	×	△	○	○	○
いか・たこ	×	×	△	○	○	○
えび	×	×	△	○	○	○
かまぼこ	×	×	×	×	×	×

【肉類・加工品】

肉は陽性が強い食材で消化にも時間がかかるため、様子を見ながら、脂肪分の少ないものを適量楽しむようにしましょう。

	5~6ヶ月	7~8ヶ月	9~11ヶ月	12ヶ月~1歳半	1歳半~2歳	3~5歳
鶏肉	×	×	△	○	○	○
豚肉	×	×	△	○	○	○
牛肉	×	×	×	△	△	○
ハム	×	×	×	×	×	×
ソーセージ	×	×	×	×	×	×

【卵・乳製品】

日々のごはんの中でときどきを心がけます。赤ちゃんは胃腸が未熟なため、卵などのたんぱく質は積極的に摂る必要はありません。牛乳は飲み物ではなく、料理の味のアクセント程度に。

	5~6ヶ月	7~8ヶ月	9~11ヶ月	12ヶ月~1歳半	1歳半~2歳	3~5歳
生卵・卵	×	×	×	×	×	△
チーズ	×	×	×	×	×	△
牛乳	×	×	×	△	△	△

【果物・加工品】

果物は食べすぎないように注意を。南国の果物はからだを冷やしやすいので、単体で積極的に摂る必要はありません。

	5~6ヶ月	7~8ヶ月	9~11ヶ月	12ヶ月~1歳半	1歳半~2歳	3~5歳
りんご	×	×	△	○	○	○
バナナ	×	×	△	△	△	△
レーズン	×	×	△	○	○	○

【海藻類・加工品】

ひじきやわかめは単品では消化しづらいので、野菜や豆類と合わせて煮るなどして食べましょう。

	5~6ヶ月	7~8ヶ月	9~11ヶ月	12ヶ月~1歳半	1歳半~2歳	3~5歳
寒天	×	×	○	○	○	○
焼きのり	×	△	○	○	○	○
ひじき	×	△	○	○	○	○
わかめ	×	△	○	○	○	○

【調味料・その他】

カレー粉は赤ちゃんの胃腸には刺激が強いため、味に変化をつける程度に。漬け物はぬか漬けや梅酢を使った即席漬け（P.115）がおすすめです。

	5~6ヶ月	7~8ヶ月	9~11ヶ月	12ヶ月~1歳半	1歳半~2歳	3~5歳
カレー粉	×	×	×	△	△	△
葛粉	×	○	○	○	○	○
豆板醤	×	×	×	×	×	×
はちみつ	×	×	×	△	△	△
わさび	×	×	×	×	×	×
漬け物	×	×	×	△	△	△
炭酸水	×	×	×	×	×	△

※表は重ね煮の考え方に基づいたものです。アレルギーの可能性があるものは無理に与えず、必ず医師の判断を仰いでください。

【野菜・加工品】

野菜は皮も根も安心していただけるようなものを選びましょう。にんにくなど刺激のあるものは子どもが小さなうちは避けます。ナス科、ウリ科の野菜はアレルギーの面から数種の野菜と一緒に煮て調和させたものを取り分けるとよいです。その他の野菜は重ね煮したスープの上澄みをすくったり、ポタージュをお湯で薄めたりして食べ始めましょう。

	5～6ヶ月	7～8ヶ月	9～11ヶ月	12ヶ月～1歳半	1歳半～2歳	3～5歳
アスパラガス	○	○	○	○	○	○
大根	○	○	○	○	○	○
にんじん	○	○	○	○	○	○
れんこん	○	○	○	○	○	○
ごぼう	○	○	○	○	○	○
じゃがいも	○	○	○	○	○	○
長いも	○	○	○	○	○	○
かぼちゃ	○	○	○	○	○	○
玉ねぎ	○	○	○	○	○	○
長ねぎ	○	○	○	○	○	○
ニラ	×	×	×	○	○	○
にんにく	×	×	×	△	△	○
しょうが	×	×	×	△	△	○
たけのこ	×	×	×	△	△	○
ブロッコリー	○	○	○	○	○	○
キャベツ	○	○	○	○	○	○
レタス	○	○	○	○	○	○
白菜	○	○	○	○	○	○
もやし	×	×	○	○	○	○
とうもろこし	○	○	○	○	○	○
さやいんげん	○	○	○	○	○	○
きゅうり	×	×	○	○	○	○
トマト	×	×	○	○	○	○
なす	×	×	○	○	○	○
ピーマン	×	×	○	○	○	○
小松菜	△	○	○	○	○	○
ほうれん草	△	○	○	○	○	○
春菊	△	○	○	○	○	○
セロリ	△	○	○	○	○	○
チンゲン菜	△	○	○	○	○	○
こんにゃく	×	×	○	○	○	○
春雨	×	×	○	○	○	○
切り干し大根	×	×	○	○	○	○

【きのこ類】

離乳食初期は単品で食べるのではなくスープやポタージュの上澄みから始めて。そのまま食べさせる場合は重ね煮から取り分け、大きさや硬さを調整します。

えのきだけ	○	○	○	○	○	○
エリンギ	○	○	○	○	○	○
きくらげ	○	○	○	○	○	○
しいたけ	○	○	○	○	○	○
ぶなしめじ	○	○	○	○	○	○
まいたけ	○	○	○	○	○	○

【豆類・加工品】

大豆アレルギーがある場合は控えて。初めて食べる際は、単品よりも重ね煮したものから取り分けるようにしましょう。油揚げを使う場合は油抜きをしてください。

枝豆	×	×	△	○	○	○
納豆	×	×	○	○	○	○
油揚げ	×	×	○	○	○	○
おから	×	×	○	○	○	○
豆腐	×	×	○	○	○	○
水煮大豆	×	×	△	○	○	○
豆乳	×	△	△	△	△	△

【米・めん・パン】

基本の穀物は米とし、小麦粉を使用したスパゲッティや中華めん、パンはときどきに。もちは消化しにくく、誤えんの可能性もあるので避けます。

米	○	○	○	○	○	○
スパゲッティ	×	×	×	△	△	△
中華めん	×	×	×	△	△	△
マカロニ	×	×	×	△	△	△
パン	×	×	×	△	△	△
もち	×	×	×	△	△	△

強いからだを作る4つの調和

食材の選び方や食べ方を工夫すると、からだのバランスが整いやすくなります。
重ね煮で大切にしている４つの調和を紹介します。

4つのバランスを取り からだを整える

健康的なからだは日々の積み重ねがあってこそ手に入れられるものです。調子がよくないときだけ薬を飲んだり不調が出始めてからその場しのぎの手当てを施したりしても、回復には時間がかかってしまいます。

丈夫なからだを手に入れるには、日ごろから❶**季節**、❷**風土**、❸**生理**、❹**陰陽のバランス**と４つの調和を取っておくことが大切になります。これらに寄り添った生活を送ることで、免疫力や自然治癒力が高まり、丈夫なからだを手に入れやすくなります。

4つのバランスが取れると丈夫なからだを作りやすい！

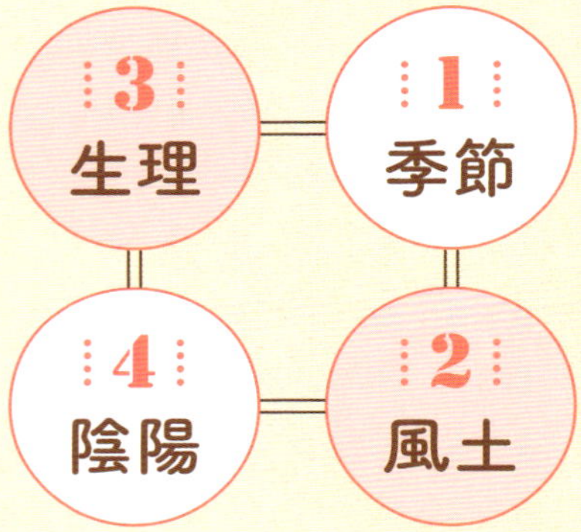

1 季節との調和

栄養価の高い旬の食材を選ぶ

旬とは、その食べ物の栄養価が一番高く、生命力が最も盛んになる時期を指します。1年で一番おいしく食べられる時期であるとともに収穫量が多く安価であることなど、メリットがいっぱいです。

旬は自然のサイクルにともなって巡っているため、そのとき摂るべきものが分かるようになっています。たとえばトマトやきゅうりなどの夏野菜は暑い夏をのりきれるよう、からだを冷やす作用があったり、逆に冬野菜に代表する根菜類はからだを温める作用が期待できます。四季を楽しみながらからだが必要とする栄養を摂ることを心がけてください。

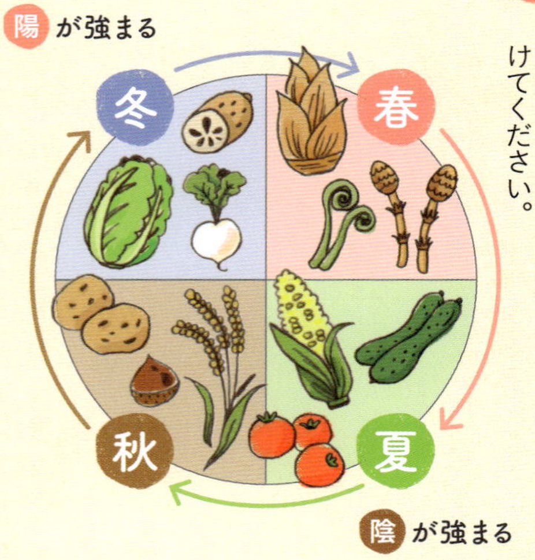

2 風土との調和

地元のものを積極的に食べる

昔から自分と同じ土地で育ったものを食べることは環境と調和し、からだや健康によいという考え方があります。暖かい地域と寒い地域でそれぞれ育ちやすい作物があるように、私たちにも適した食べ物が存在するのです。これを身土不二《しんどふじ》といい、身はからだ、土は土地や環境、不二は別のものではないという意味です。

3 生理との調和

自然に寄り添った食事を心がける

生理との調和は自然に寄り添った無理のない食べ方をすることです。私たち人間にとってからだに負担をかけない食事の仕方は「中庸」を心がけること。中庸の食事を取ることで生理との調和が図れ、からだのバランスを保ちやすくなります。

また、歯の構造にもとづいた穀物4～5、野菜・海藻類2、魚・肉1のバランスで食べることも生理との調和につながります（19ページ参照）。

4 陰陽の調和

丸ごと食べることでバランスが取れる

野菜などは丸ごと食べることで、からだの健康を保ちやすくなると考えます。これを一物全体食《いちぶつぜんたいしょく》といいます。全体食は皮むきを不要とする重ね煮の基本にもなっていて、食材の栄養を余すことなく摂取できます。

旬の食材を使って陰性の食材から順に重ね煮をすることで食材同士が調和し、サプリメントなどに頼らなくても、体内の陰陽のバランスが整い、免疫力を高めやすくなるのです。

皮つき野菜を
丸ごと食べる！
SUPPLEMENT

季節別 INDEX

春

かじきのケチャップ煮 …… 30
さわらのうま煮 …… 32
すずきのマリネ …… 36
じゃがいもとえんどう豆のカレー煮 …… 56
切り干し大根のハリハリサラダ …… 63
青菜ののり和え …… 68
小松菜の梅おかか和え …… 69
ブロッコリーの白和え …… 70
新玉ねぎとわかめの酢の物 …… 72
重ね煮ピクルス …… 72
キャベツとじゃがいもの豆乳汁 …… 76
あさりの和風スープ …… 80
煎り玄米ごはん …… 86
鶏と野菜のそぼろ丼 …… 97
ブロッコリーの蒸し煮 …… 102

夏

鮭のみそ炒め …… 28
かじきのケチャップ煮 …… 30
すずきのマリネ …… 36
鶏肉のチンジャオロースー風 …… 41
ラタトゥイユ …… 42
なすとピーマンのみそ炒め …… 46
かぼちゃコロッケ …… 49
じゃがいもとえんどう豆のカレー煮 …… 56
ピーマンのきんぴら …… 57
ひじきとパプリカの梅サラダ …… 62
切り干し大根のハリハリサラダ …… 63
いかときゅうりの青じそマリネ …… 63
かぼちゃとズッキーニの蒸し煮サラダ …… 64
かぼちゃとさやいんげんのごまみそ和え …… 68
なすとかぼちゃのみそ汁 …… 76
なすとトマトのみそ汁 …… 81
冬瓜のスープ …… 81
ミネストローネ …… 82
麦ごはん …… 86
とうもろこしごはん …… 89
きゅうりの梅酢漬け …… 91
重ね煮にゅうめん …… 95
ほうとう風うどん …… 95
簡単手作りルーのカレーライス …… 98
カレーピラフ …… 99
とうもろこしの蒸し煮 …… 102
枝豆の蒸し煮 …… 102
桃のコンポート …… 110
梅ジュース …… 110
かぼちゃのソフトクッキー …… 111
春雨サラダ …… 115

秋

焼きさばのしょうが風味あんかけ …… 31
さわらのうま煮 …… 32
かぼちゃコロッケ …… 49
季節野菜の蒸し煮 …… 58
小松菜の梅おかか和え …… 69
ブロッコリーの白和え …… 70
さつまいもとぶなしめじのみそ汁 …… 77
重ね煮ポトフ …… 79
冬瓜のスープ …… 81
煎り玄米ごはん …… 86
さんまの梅炊き込みごはん …… 88
ほうとう風うどん …… 95
鶏と野菜のそぼろ丼 …… 97
たらとエリンギの豆乳グラタン …… 100
さつまいもの蒸し煮 …… 102
ブロッコリーの蒸し煮 …… 102
アップルパイ …… 104
りんごとさつまいものスイートポテト …… 105
りんごの葛あん煮 …… 107

通年

えびの豆乳チャウダー …… 33
いわしの肉だね …… 34
いわしハンバーグ …… 34
いわし団子と大根の煮物 …… 35
さわらの幽庵ホイル焼き …… 36
肉じゃが …… 37
鶏ミンチのチリコンカン …… 38
重ね煮八宝菜 …… 40
豆腐ステーキ切り干し野菜あんかけ …… 44
五目春雨 …… 45
焼き春巻き …… 45
重ね煮炒り豆腐 …… 47
揚げないコロッケ …… 48
基本のポテトコロッケ …… 49
鮭コロッケ …… 49
重ね煮卯の花 …… 54
ひじきと根菜の煮物 …… 55
切り干し大根の煮物 …… 57
マヨなしポテトサラダ …… 60
にんじんと玉ねぎのレーズンサラダ …… 65
ニラともやしの酢じょうゆ和え …… 70
じゃがいものポタージュ …… 83
シンプル野菜のカレースープ …… 84
たいのトマトスープ …… 84
豆と野菜のレモンスープ …… 85
おかゆ …… 87
ひじきごはん …… 88
ひじきのふりかけ …… 90
きくらげの佃煮 …… 91
重ね煮塩焼きそば …… 94
重ね煮中華丼 …… 96
じゃがいもとブロッコリーの豆乳グラタン …… 100
かるかん …… 106
豆腐団子 …… 106
豆乳寒天フルーツソース …… 109
煎り玄米のポタージュ …… 114
スポーツドリンク …… 115
即席漬け …… 115

りんごとレーズンのフルーツゼリー …… 108
かぼちゃのソフトクッキー …… 111
りんご葛湯 …… 114
れんこん入り葛ねり …… 114

冬

焼きさばのしょうが風味あんかけ …… 31
さわらのうま煮 …… 32
鶏手羽と根菜のスープ …… 38
筑前煮 …… 39
根菜のきんぴら …… 52
さつまいもと昆布の煮物 …… 58
季節野菜の蒸し煮 …… 58
みそ田楽 …… 59
切り干し大根と小松菜のごましょうゆ和え …… 66
青菜ののり和え …… 68
小松菜の梅おかか和え …… 69
ブロッコリーの白和え …… 70
かぶの煮浸し …… 71
小松菜の煮浸し …… 71
重ね煮豚汁 …… 74
根菜と里いものみそ汁 …… 77
けんちん汁 …… 78
重ね煮ポトフ …… 79
のっぺい汁 …… 80
ほたての中華スープ …… 83
煎り玄米ごはん …… 86
かぶの葉のふりかけ …… 90
鶏と野菜のそぼろ丼 …… 97
米粉のクリームシチュー …… 99
たらとエリンギの豆乳グラタン …… 100
ブロッコリーの蒸し煮 …… 102
アップルパイ …… 104
りんごとさつまいものスイートポテト …… 105
りんごの葛あん煮 …… 107
りんごとレーズンのフルーツゼリー …… 108
りんご葛湯 …… 114
れんこん入り葛ねり …… 114

食材別 INDEX

魚介類

あさり　あさりの和風スープ　80
いか　いかときゅうりの青じそマリネ　63
重ね煮中華丼　96
いわし　いわしの肉だね　34
いわしハンバーグ　34
いわし団子と大根の煮物　35
えび・むきえび　えびの豆乳チャウダー　33
重ね煮塩焼きそば　94
重ね煮中華丼　96
かじき　かじきのケチャップ煮　30
鮭　鮭のみそ炒め　28
鮭コロッケ　49
さば　焼きさばのしょうが風味あんかけ　31
さわら　さわらのうま煮　32
さわらの幽庵ホイル焼き　36
さんま　さんまの梅炊き込みごはん　88
すずき　すずきのマリネ　36
たい　たいのトマトスープ　84
たら　たらとエリンギの豆乳グラタン　100
ほたて　冬瓜のスープ　81
ほたての中華スープ　83
重ね煮中華丼　96

肉類

手羽元　鶏手羽と根菜のスープ　38
鶏ひき肉　鶏ミンチのチリコンカン　38
鶏と野菜のそぼろ丼　97
鶏むね肉　鶏肉のチンジャオロース一風　41
重ね煮にゅうめん　95
米粉のクリームシチュー　99
鶏もも肉　筑前煮　39
豚薄切り肉　肉じゃが　37
重ね煮八宝菜　40
重ね煮豚汁　74

野菜

アスパラガス　豆と野菜のレモンスープ　85
かぶ　鶏手羽と根菜のスープ　38
かぶの煮浸し　71
かぶの葉のふりかけ　90
即席漬け　115
かぼちゃ　ラタトゥイユ　42
かぼちゃコロッケ　49
かぼちゃとズッキーニの蒸し煮サラダ　64
かぼちゃとさやいんげんのごまみそ和え　68
なすとかぼちゃのみそ汁　76
ミネストローネ　82
ほうとう風うどん　95
簡単手作りルーのカレーライス　98
かぼちゃのソフトクッキー　111
キャベツ　鮭のみそ炒め　28
えびの豆乳チャウダー　33
重ね煮八宝菜　40
季節野菜の蒸し煮　58
重ね煮ピクルス　72
キャベツとじゃがいもの豆乳汁　76
あさりの和風スープ　80
じゃがいものポタージュ　83
シンプル野菜のカレースープ　84
重ね煮塩焼きそば　94
米粉のクリームシチュー　99
じゃがいもとブロッコリーの豆乳グラタン　100
煎り玄米のポタージュ　114
即席漬け　115
きゅうり　すずきのマリネ　36
マヨなしポテトサラダ　60
切り干し大根のハリハリサラダ　63
いかときゅうりの青じそマリネ　63
きゅうりの梅酢漬け　91
重ね煮にゅうめん　95
春雨サラダ　115
即席漬け　115
ごぼう　筑前煮　39
重ね煮炒り豆腐　47
根菜のきんぴら　52
重ね煮卯の花　54
ひじきと根菜の煮物　55
ピーマンのきんぴら　57
重ね煮豚汁　74
さつまいもとぶなしめじのみそ汁　77
根菜と里いものみそ汁　77
けんちん汁　78
のっぺい汁　80
冬瓜のスープ　81
ほうとう風うどん　95
小松菜　切り干し大根と小松菜のごましょうゆ和え　66
小松菜の梅おかか和え　69
小松菜の煮浸し　71
さつまいも　さつまいもと昆布の煮物　58
さつまいもとぶなしめじのみそ汁　77
さつまいもの蒸し煮　102
りんごとさつまいものスイートポテト　105
里いも　筑前煮　39
みそ田楽　59
重ね煮豚汁　74
根菜と里いものみそ汁　77
のっぺい汁　80
さやいんげん　かぼちゃとさやいんげんのごまみそ和え　68
じゃがいも　えびの豆乳チャウダー　33

鮭コロッケ……49
かぼちゃコロッケ……49
じゃがいもとえんどう豆のカレー煮……56
マヨなしポテトサラダ……60
にんじんと玉ねぎのレーズンサラダ……65
キャベツとじゃがいもの豆乳汁……76
あさりの和風スープ……80
なすとトマトのみそ汁……81
冬瓜のスープ……81
ミネストローネ……82
じゃがいものポタージュ……83
ほたての中華スープ……83
シンプル野菜のカレースープ……84
たいのトマトスープ……84
豆と野菜のレモンスープ……85
重ね煮塩焼きそば……94
重ね煮にゅうめん……95
鶏と野菜のそぼろ丼……97
簡単手作りルーのカレーライス……98
カレーピラフ……99
米粉のクリームシチュー……99
じゃがいもとブロッコリーの豆乳グラタン……100
煎り玄米のポタージュ……114
春雨サラダ……115

新玉ねぎ
新玉ねぎとわかめの酢の物……72
重ね煮ピクルス……72

チンゲン菜
さわらのうま煮……32
重ね煮八宝菜……40

冬瓜
冬瓜のスープ……81

とうもろこし
とうもろこしごはん……89
とうもろこしの蒸し煮……102

トマト
ラタトゥイユ……42
なすとトマトのみそ汁……81
ミネストローネ……82
たいのトマトスープ……84
簡単手作りルーのカレーライス……98

長いも
かるかん……106

長ねぎ
さわらの幽庵ホイル焼き……36
鶏手羽と根菜のスープ……38
鶏肉のチンジャオロースー風……41
重ね煮卵の花……54
重ね煮豚汁……74
重ね煮ポトフ……79
重ね煮中華丼……96
たらとエリンギの豆乳グラタン……100

なす
ラタトゥイユ……42
なすとピーマンのみそ炒め……46
なすとかぼちゃのみそ汁……76
なすとトマトのみそ汁……81
簡単手作りルーのカレーライス……98
即席漬け……115

ニラ
五目春雨……45
ニラともやしの酢じょうゆ和え……70
重ね煮塩焼きそば……94

にんじん
鮭のみそ炒め……28
かじきのケチャップ煮……30
さわらのうま煮……32
肉じゃが……37
揚げないコロッケ……48
基本のポテトコロッケ……49
鮭コロッケ……49
かぼちゃコロッケ……49
じゃがいもとえんどう豆のカレー煮……56
季節野菜の蒸し煮……58
マヨなしポテトサラダ……60
キャベツとじゃがいもの豆乳汁……76
重ね煮ポトフ……79
あさりの和風スープ……80
なすとトマトのみそ汁……81
じゃがいものポタージュ……83
シンプル野菜のカレースープ……84
たいのトマトスープ……84
豆と野菜のレモンスープ……85
米粉のクリームシチュー……99
じゃがいもとブロッコリーの豆乳グラタン……100
たらとエリンギの豆乳グラタン……100
煎り玄米のポタージュ……114

春菊
青菜ののり和え……68

ズッキーニ
ラタトゥイユ……42
ひじきとパプリカの梅サラダ……62
かぼちゃとズッキーニの蒸し煮サラダ……64
ミネストローネ……82

セロリ
すずきのマリネ……36
いかときゅうりの青じそマリネ……63
豆と野菜のレモンスープ……85

大根
いわし団子と大根の煮物……35
筑前煮……39
みそ田楽……59
重ね煮豚汁……74
根菜と里いものみそ汁……77
けんちん汁……78
重ね煮ポトフ……79
のっぺい汁……80
ほたての中華スープ……83
さんまの梅炊き込みごはん……88
ほうとう風うどん……95
米粉のクリームシチュー……99
即席漬け……115

玉ねぎ
鮭のみそ炒め……28
かじきのケチャップ煮……30
さわらのうま煮……32
えびの豆乳チャウダー……33
いわしの肉だね……34
いわしハンバーグ……34
いわし団子と大根の煮物……35
肉じゃが……37
鶏ミンチのチリコンカン……38
重ね煮八宝菜……40
ラタトゥイユ……42
五目春雨……45
焼き春巻き……45
重ね煮炒り豆腐……47
揚げないコロッケ……48
基本のポテトコロッケ……49

ミネストローネ 82
簡単手作りルーのカレーライス 98
カレーピラフ 99
ブロッコリー いわしの肉団子と大根の煮物 35
季節野菜の蒸し煮 58
みそ田楽 59
ブロッコリーの白和え 70
米粉のクリームシチュー 99
じゃがいもとブロッコリーの豆乳グラタン 100
ブロッコリーの蒸し煮 102
ほうれん草 青菜ののり和え 68
ミニトマト すずきのマリネ 36
もやし 重ね煮八宝菜 40
ニラともやしの酢しょうゆ和え 70
れんこん 筑前煮 39
根菜のきんぴら 52
ひじきと根菜の煮物 55
重ね煮ポトフ 79
のっぺい汁 80
鶏と野菜のそぼろ丼 97
れんこん入り葛ねり 114

野菜加工品

糸こんにゃく 肉じゃが 37
切り干し大根の煮物 57
切り干し大根 豆腐ステーキ切り干し野菜あんかけ 44
切り干し大根の煮物 57
切り干し大根のハリハリサラダ 63
切り干し大根と小松菜のごましょうゆ和え 66
こんにゃく 筑前煮 39
ひじきと根菜の煮物 55
みそ田楽 59
ブロッコリーの白和え 70
重ね煮豚汁 74
根菜と里いものみそ汁 77
けんちん汁 78
のっぺい汁 80
春雨 五目春雨 45
焼き春巻き 45
春雨サラダ 115
水煮たけのこ 鶏肉のチンジャオロースー風 41

きのこ類

えのきだけ 小松菜の梅おかか和え 69
ほうとう風うどん 95
エリンギ 重ね煮ポトフ 79
豆と野菜のレモンスープ 85
たらとエリンギの豆乳グラタン 100
きくらげ きくらげの佃煮 91
重ね煮中華丼 96
しいたけ 鮭のみそ焼き 28
重ね煮八宝菜 40
冬瓜のスープ 81
重ね煮塩焼きそば 94

えびの豆乳チャウダー 33
いわし団子と大根の煮物 35
すずきのマリネ 36
さわらの幽庵ホイル焼き 36
肉じゃが 37
鶏ミンチのチリコンカン 38
鶏手羽と根菜のスープ 38
筑前煮 39
重ね煮八宝菜 40
ラタトゥイユ 42
豆腐ステーキ切り干し野菜あんかけ 44
五目春雨 45
焼き春巻き 45
根菜のきんぴら 52
重ね煮卵の花 54
じゃがいもとえんどう豆のカレー煮 56
切り干し大根の煮物 57
季節野菜の蒸し煮 58
みそ田楽 59
にんじんと玉ねぎのレーズンサラダ 65
切り干し大根と小松菜のごましょうゆ和え 66
ブロッコリーの白和え 70
ニラともやしの酢じょうゆ和え 70
重ね煮豚汁 74
なすとかぼちゃのみそ汁 76
根菜と里いものみそ汁 77
けんちん汁 78
重ね煮ポトフ 79
あさりの和風スープ 80
なすとトマトのみそ汁 81
冬瓜のスープ 81
ミネストローネ 82
シンプル野菜のカレースープ 84
重ね煮塩焼きそば 94
重ね煮中華丼 96
鶏と野菜のそぼろ丼 97
簡単手作りルーのカレーライス 98
カレーピラフ 99
米粉のクリームシチュー 99
じゃがいもとブロッコリーの豆乳グラタン 100
煎り玄米のポタージュ 114
白菜 焼きさばのしょうが風味あんかけ 31
鶏手羽と根菜のスープ 38
みそ田楽 59
重ね煮豚汁 74
根菜と里いものみそ汁 77
重ね煮ポトフ 79
ほたての中華スープ 83
ほうとう風うどん 95
重ね煮中華丼 96
パプリカ ひじきとパプリカの梅サラダ 62
かぼちゃとズッキーニの蒸し煮サラダ 64
ピーマン 鮭のみそ炒め 28
かじきのケチャップ煮 30
鶏肉のチンジャオロースー風 41
なすとピーマンのみそ炒め 46
ピーマンのきんぴら 57

桃のコンポート …… 110

りんご
アップルパイ …… 104
りんごとさつまいものスイートポテト …… 105
りんごの葛あん煮 …… 107
りんごとレーズンのフルーツゼリー …… 108
りんご葛湯 …… 114

海藻類・海藻加工品

寒天
りんごとレーズンのフルーツゼリー …… 108
豆乳寒天フルーツソース …… 109

ひじき
重ね煮炒り豆腐 …… 47
根菜のきんぴら …… 52
ひじきと根菜の煮物 …… 55

米ひじき
ひじきとパプリカの梅サラダ …… 62
いかときゅうりの青じそマリネ …… 63
ひじきごはん …… 88
ひじきのふりかけ …… 90
春雨サラダ …… 115

焼きのり
青菜ののり和え …… 68

わかめ
新玉ねぎとわかめの酢の物 …… 72
なすとかぼちゃのみそ汁 …… 76

米・めん・その他

押し麦
麦ごはん …… 86

本葛粉
のっぺい汁 …… 80
りんごの葛あん煮 …… 107
豆乳寒天フルーツソース …… 109
桃のコンポート …… 110
れんこん入り葛ねり …… 114
りんご葛湯 …… 114

玄米
煎り玄米ごはん …… 86
煎り玄米のポタージュ …… 114

米
麦ごはん …… 86
煎り玄米ごはん …… 86
おかゆ …… 87
ひじきごはん …… 88
さんまの梅炊き込みごはん …… 88
とうもろこしごはん …… 89
簡単手作りルーのカレーライス …… 98
カレーピラフ …… 99

米粉
簡単手作りルーのカレーライス …… 98
米粉のクリームシチュー …… 99
じゃがいもとブロッコリーの豆乳グラタン …… 100
たらとエリンギの豆乳グラタン …… 100

めん
重ね煮塩焼きそば …… 94
重ね煮にゅうめん …… 95
ほうとう風うどん …… 95

重ね煮にゅうめん …… 95

干ししいたけ
筑前煮 …… 39
豆腐ステーキ切り干し野菜あんかけ …… 44
五目春雨 …… 45
重ね煮炒り豆腐 …… 47
重ね煮卯の花 …… 54
切り干し大根の煮物 …… 57
けんちん汁 …… 78
のっぺい汁 …… 80
ほたての中華スープ …… 83
鶏と野菜のそぼろ丼 …… 97

ぶなしめじ
かじきのケチャップ煮 …… 30
さわらの幽庵ホイル焼き …… 36
さつまいもとぶなしめじのみそ汁 …… 77
たいのトマトスープ …… 84
さんまの梅炊き込みごはん …… 88

まいたけ
さわらのうま煮 …… 32

豆類

枝豆
枝豆の蒸し煮 …… 102

えんどう豆
じゃがいもとえんどう豆のカレー煮 …… 56

手亡豆
豆と野菜のレモンスープ …… 85

豆加工品

厚揚げ
なすとピーマンのみそ炒め …… 46
みそ田楽 …… 59

油揚げ
重ね煮卯の花 …… 54
ひじきと根菜の煮物 …… 55
切り干し大根の煮物 …… 57
かぶの煮浸し …… 71
小松菜の煮浸し …… 71
重ね煮豚汁 …… 74
キャベツとじゃがいもの豆乳汁 …… 76
なすとかぼちゃのみそ汁 …… 76
さつまいもとぶなしめじのみそ汁 …… 77
根菜と里いものみそ汁 …… 77
ほうとう風うどん …… 95

おから
重ね煮卯の花 …… 54

豆乳
えびの豆乳チャウダー …… 33
キャベツとじゃがいもの豆乳汁 …… 76
じゃがいものポタージュ …… 83
じゃがいもとブロッコリーの豆乳グラタン …… 100
たらとエリンギの豆乳グラタン …… 100
豆乳寒天フルーツソース …… 109

豆腐
豆腐ステーキ切り干し野菜あんかけ …… 44
重ね煮炒り豆腐 …… 47
ブロッコリーの白和え …… 70
けんちん汁 …… 78
豆腐団子 …… 106

水煮大豆
鶏ミンチのチリコンカン …… 38

果物

桃
豆乳寒天フルーツソース …… 109

Epilogue

「食べること」の楽しさを見つけて毎日を楽しく、生き生きとすごす

毎日頑張るお母さんには、肩ひじ張らずに
楽しく食卓を整えてもらいたい。
旬の恵みに感謝しながら、素材を大切に調理してもらいたい。
それが誰でも簡単にできるのが重ね煮です。

私がかつて助けられたように、困っているお母さんを応援したい、
少しでも役に立ちたい。
そんな思いを詰め込んだこの本が、
一人でも多くのお母さんの一助となれば、とても嬉しいです。
お母さんが毎日笑顔なら、きっと家族も幸せなはず。
日本中の家庭の台所を「家庭の薬箱」にしたいと思っています。
最後に、重ね煮に出合って私の人生は大きく変わりました。

師の梅﨑和子先生に心からの感謝と敬意を表します。
そして、重ね煮に出合うきっかけをくれ、
今は応援してくれている息子たちと夫へ、
いつも「おいしい」とごはんを食べてくれてありがとう。

私に進む勇気をくれる「重ね煮アカデミー」の生徒さん、
頼れる師範たち。私の想いを応援してくださる皆様、
世界文化社の大友さん、編集の宮本さんをはじめ、
この本に関わってくださった全ての方に感謝いたします。

重ね煮健康料理研究家　**田島 恵**

著者 **田島 恵**

重ね煮健康料理研究家。奈良県出身。2002年ごろ、長男のアトピー性皮膚炎と喘息で病院通いを続けていたときに陰陽調和の重ね煮に出合う。その調理法の簡単さとおいしさ、理論の説得力に驚き感動する。以来、重ね煮を家庭で実践し続けているうちに徐々に長男のアレルギー症状が改善され、次第に自分自身の不妊、冷え性、便秘なども改善したことに驚き、重ね煮の力を実感。現在は鎌倉市の「重ね煮アカデミー」を主宰し、2018年より「重ね煮」を全国のお母さんたちへ届けていくために師範の育成を行っている。これまで1600名のお母さんたちに家族の健康を整える術を直接届ける。「台所は家庭の薬箱」をモットーに「アレルギー体質に困っている」「料理が苦手」「子どもの野菜嫌いに困っている」などの全国のお母さんたちの悩みに寄り添い、講習や出張教室など幅広く活動している。

重ね煮アカデミー　https://megu-kasaneni.com/

医学解説 **相澤扶美子**

小児科医。医療法人想愛会サンクリニック小児科（病児保育室サンクリキッズ併設）院長。三重大学医学部卒業後、国立小児病院（現・国立成育医療研究センター）勤務などを経て、1991年に夫とともにサンクリニックを開業。薬に頼りすぎない自然治癒力を生かした医療を実践するとともに、子どもとお母さんの食生活へのアドバイスを行っている。著書に『免疫力を高める子どもの食養生レシピ』（PHPエディターズ・グループ）、『グランマ小児科医の育児百科』（農山漁村文化協会）など。

STAFF

料理協力	島田すみよ 橋本真弓 本田浩子 山下麻子
撮影	久保田彩子（世界文化社ホールディングス）
スタイリング	露木 藍
イラスト・デザイン	佐々木麗奈
校正	株式会社円水社
編集協力	宮本貴世
編集	大友 恵

参考文献

- **図解 よくわかる陰陽調和料理**
  梅﨑和子・著（健康双書 農山漁村文化協会）
- **アトピーっ子も安心の離乳食　ママから取り分ける簡単レシピ**　梅﨑和子・著（家の光協会）
- **初めての離乳食最新版**
  ひよこクラブ・編（ベネッセコーポレーション）
- **初めてママ＆パパのための365日の離乳食カレンダー**
  ひよこクラブ・編（ベネッセコーポレーション）
- **はじめてママ＆パパの離乳食**
  上田玲子・監修（主婦の友社）
- **いただきます！　かんたん・おいしい幼児のごはん**
  牧野直子・監修（赤ちゃんとママ社）

0~5歳 はじめてママとパパでもかんたん
重ねて煮るだけ
子どもと食べたい強いからだを作る！おいしいおかず

発行日　2019年10月10日　初版第1刷発行
　　　　2025年 5 月10日　　　第10刷発行

著者　田島 恵
発行者　千葉由希子
発行　株式会社世界文化社
〒102-8187　東京都千代田区九段北4-2-29
電話　03-3262-5118（編集部）
　　　03-3262-5115（販売部）
印刷・製本　株式会社リーブルテック
DTP製作　株式会社明昌堂

ISBN978-4-418-19323-3